本书受全国文化名家暨"四个一批"人才自主选题资助项目和中央高校
"政策支持、社会资本对农户气候变化适应性行为的影响研究"（N2(

Grain Farmers' Adaptation to
Climate Change and
Its Impacts on
the Grain Production

粮食种植户对
气候变化的适应性行为及其
效应研究

高　雪　李谷成◎著

经济管理出版社
ECONOMY & MANAGEMENT PUBLISHING HOUSE

图书在版编目（CIP）数据

粮食种植户对气候变化的适应性行为及其效应研究/高雪，李谷成著 . —北京：经济管理出版社，2020.7

ISBN 978 - 7 - 5096 - 7284 - 6

Ⅰ.①粮…　Ⅱ.①高…　②李…　Ⅲ.①粮食—种植—农业气象—气候变化—适应性—研究　Ⅳ.①F326.11

中国版本图书馆 CIP 数据核字（2020）第 133741 号

组稿编辑：曹　靖
责任编辑：曹　靖　王　洋
责任印制：黄章平
责任校对：董杉珊

出版发行：经济管理出版社
　　　　　（北京市海淀区北蜂窝 8 号中雅大厦 A 座 11 层　100038）
网　　　址：www. E - mp. com. cn
电　　　话：（010）51915602
印　　　刷：北京玺诚印务有限公司
经　　　销：新华书店
开　　　本：720mm×1000mm/16
印　　　张：11.25
字　　　数：189 千字
版　　　次：2020 年 8 月第 1 版　2020 年 8 月第 1 次印刷
书　　　号：ISBN 978 - 7 - 5096 - 7284 - 6
定　　　价：78.00 元

前　言

近年来，受自然与人类活动共同作用的影响，全球气候存在不断变暖的趋势，极端天气事件频发。中国是全球气候变化的敏感区之一，《中国气候变化蓝皮书》（2018）指出，1901～2017年中国地表年平均气温每10年升高0.24℃，升温率高于同期全球平均水平。与此同时，由气候变暖引发的高温、雨涝等极端天气事件的发生频率和强度也有所增多。农业生产与气候条件密切相关，一般而言，气候变化特别是极端天气气候事件会增加农业生产的风险。管理者和农业生产者能否对气候变化及其影响做出适应性反应，是缓解气候变化潜在不利影响，实现趋利避害的关键所在。中国政府一贯高度重视气候变化问题，制定和发布了许多农业部门应对气候变化的政策措施。提高农业部门应对气候变化的能力，最终必须落脚于农业生产的基本单位——微观农户。由此，研究农户对气候变化的适应性行为具有重要理论和政策意义。无论科学技术如何发展，粮食生产受气候变化的影响仍然最为直接（Rosenzweing et al.，1998）。粮食安全问题需警钟长鸣，鉴于粮食生产的基础性地位，本书以粮食种植户为例，全面分析其对气候变化的适应性行为及其效应。

与减排行为相比，已有文献越来越关注于粮食种植户对气候变化的适应性行为。农户调查数据和已有研究表明，粮食种植户对气候变化的适应性行为是存在的，但鲜有文献对粮食种植户的适应性行为进行长期与短期的系统分析。从长期来看，农户有足够的时间调整生产行为；从短期来看，农户能够利用的时间和采用的措施则相对有限。

本书从长期和短期两个方面来系统分析粮食种植户的适应性行为。一方面，本书重点分析粮食种植户对气候变化的长期适应性行为及其特征，讨论气温、降水量、极端天气事件发生频率等因素在其中的作用，在此基础上进一步研究这种适应性行为的生产效应；另一方面，本书将分析粮食种植户面对极端天气事件时采取的各种短期适应性行为。

本书以粮食种植户对气候变化的适应性行为及其生产效应为研究对象。具体而言，第一，对气候变化和适应的概念进行界定，对与农户适应性行为相关的文献进行评论。第二，在考察粮食主产区气候变化的基础上，讨论粮食种植户适应性行为选择的理论机理，并基于微观调查数据实证分析粮食种植户对气候变化的感知及适应性行为。第三，基于气象站 1986～2014 年气温、降水量的月值数据和粮食种植户截面调查数据，利用二元选择模型，实证分析气温、降水量变化对粮食种植户不同适应性行为的影响，从而识别出粮食种植户对气温、降水量变化的各种适应性措施。第四，基于粮食种植户调查数据，实证分析粮食种植户对极端天气事件发生频率的感知行为对其保护性耕作的影响，从而厘清极端天气事件发生频率对粮食种植户适应性行为的影响。第五，考察粮食种植户对极端天气事件的短期适应性行为，具体利用 2003～2011 年湖北水稻种植户的面板数据、湖北气象站的气温、降水量日值数据，应用固定效应模型估计极端天气事件对水稻种植户要素投入的影响。第六，利用内生转换模型和处理效应模型，实证估计粮食种植户适应性行为对粮食单产与化肥投入的影响，从而考察农户对气候变化适应性行为的生产效应。第七，根据研究结论，提出政策建议和研究展望。

本书可能存在的创新之处如下：

（1）研究方法的创新。一是本书采用内生转换模型、处理效应模型对粮食种植户适应性行为的生产效应进行研究。在评估粮食种植户适应性行为的生产效应时，粮食种植户对气候变化的适应性行为与无法观测的因素（农户的能力或者资源禀赋）之间存在系统相关，这就会导致样本自选择问题，内生转换模型能有效地解决这一问题。本书采用内生转换模型分析粮食种植户的适应性行为及其对粮食投入产出的影响。内生转换模型虽然能解决由不可观测变量带来的内生性问题，但无法评估边际效应，处理效应模型则不仅能解决内生性问题，还能直接评估边际效应，却鲜有应用。基于此，本书进一步采用处理效应模型分析粮食种植户的适应性行为及其对化肥投入的边际影响。二是本书采用面板数据固定效应模型对农户的短期适应性行为进行实证分析。已有文献主要基于农户截面或短面板数据，分析农户的短期适应性行为，但限于数据的可获得性，很少有文献采用农户长面板数据对这一问题进行分析。本书采用的面板数据固定效应模型能够在很大程度上解决遗漏变量问题，从而使模型估计更为准确。

（2）研究内容的创新。本书对粮食种植户的长期适应性行为及其对粮食产出的影响进行实证研究。农户的短期适应性行为通常反映的是农户的有限适应，农户的长期适应性行为则能反映农户的充分适应，即农户有更为充足的时间调整策略和行为去应对气候变化及其影响。已有文献主要考察农户短期适应性行为对农作物产出的影响，却很少有文献分析农户长期适应性行为对农作物产出的影响。本书重点考察了粮食种植户长期适应性行为对粮食产出的影响。

（3）研究指标的创新。本书采用多年平均气温和多年平均累积降水总量指标，构建了粮食种植户对极端天气事件发生频率的感知指标、雨涝灾害指数和高温热害指数等。已有文献中气候因素的衡量指标大多采用当年气温、降水量等，虽然地区之间的气候差异能被视为气候变化，但其不能完全反映气候因素在时间上的变化。本书基于农户横截面数据，采用 1986～2014 年多年平均气温、多年平均累积降水总量指标衡量气候因素，分析多年平均气温和累积降水总量等对粮食种植户适应性行为的影响。已有文献经常采用 0、1 分类变量衡量极端天气事件发生与否，这种衡量方式无法反映极端天气事件的发生频率或程度。本书构建了极端天气事件发生频率指标、雨涝灾害指数和高温热害指数等，这相对已有文献而言更加准确。

本书得益于许多人的帮助。我们衷心感谢那些对本书提出有益启示和建议的专家、学者，感谢那些参与本书讨论与校对工作的老师、同学，感谢为本书提供帮助的编辑老师。

由于作者水平有限，编写时间仓促，所以书中存在错误和不足之处在所难免，恳请广大读者批评指正。

2019 年 12 月

目 录

第一章　导　论

一、问题的提出

气候变化已是国际社会普遍关注的全球性问题。气候变化既包括气候要素（如年平均温度、年降水量等）长期平均趋势的变化，也包括极端天气事件发生频率与发生程度的变化。联合国气候变化专门委员会第五次评估报告提出：1880～2012 年，全球海陆表面的平均温度升高了 0.85℃；随着气温持续变暖，高温热浪将会更加频繁，持续时间将会更长（IPCC，2014）。气候变化极有可能对生态系统、人类社会造成普遍的、严重的甚至不可逆的影响（IPCC，2014）。农业是首当其冲受到气候变化影响的部门，气候变化的诸多风险集中于此，所以，气候变化对农业的影响备受各界关注。

一方面，各界都关注气温、降水量等气候要素变化对农业的影响，其中，气温、降水量等变化对农作物产量的影响最为直接（Wang et al.，2009）。学者们主要采用作物机理模型和计量经济模型评估气温、降水量等变化对农作物产量的影响。作物机理模型以控制性生产实验为基础，能够揭示气温、降水量等气候要素变化对农作物产量的影响（Lobell et al.，2013）；计量经济模型能够将行为主体对气候变化的适应性行为纳入气候变化对农作物产量影响的分析框架中，更可靠地估计出气候变化对农作物产量的影响。相关研究结果显示，无论采用哪种模型，气温、降水量等气候要素变化对农作物产量均具有显著影响，但气候要素变化的影响效应因不同地区、不同作物类型而异。例如，随着气温的升高，中国华南地区的小麦产量呈现下降趋势，西北地区的小麦产量呈现上升趋势（孙茹等，2016）；降水量增加对中国小麦单产、水稻单产分别具有显著的正向、负向影响（陈帅等，2016；尹朝静，2017）。

另一方面，各界也都关注极端天气事件对农业的影响。极端天气事件给农业生产带来灾害性影响，造成农作物受灾减产。有数据表明，全国平均每年有将近40000千公顷的受灾面积，成灾率接近50%（国家统计局，2009）。极端天气事件造成的损失中以干旱和洪涝灾害最为严重。1980～2011年，旱灾年均受灾面积约为7400千公顷，大约是年均粮食播种面积的20%（水利部，2012）。从实证研究结果来看，在一定范围内，气温增加对玉米等农作物产量具有正面影响；当气温高出某一阈值时，气温增加则对单产具有负面影响（Schlenker and Roberts，2009，2010）。极端天气事件造成经济损失。例如，2017年中国受灾面积达18478千公顷，成灾率接近50%，直接经济损失3018.7亿元（国家统计局，2018）。

在这一背景下，管理者和农业生产者能否对气候要素长期平均趋势的变化和极端天气事件导致的风险做出适应性反应，就成为缓解气候变化负面影响、实现趋利避害的关键所在。IPCC报告指出，适应是自然系统或者人类系统为应对实际的、预期的气候刺激因素或其影响而做出的趋利避害的调整。

中国政府一贯高度重视气候变化问题，相应地，制定和发布了许多减缓和适应气候变化的政策措施和规划文件，其中，提高农业部门对气候变化的适应水平是其重要内容之一。例如，2012年"十二五"规划明确指出"提高农业、林业等重点领域以及沿海地区、生态脆弱地区适应气候变化的水平"；2013年发布的《国家适应气候变化战略》规定了农业领域的重要任务，包括加强农业领域的监测预警、防灾减灾的能力，提高种植业的适应能力。提高农业部门应对气候变化的能力，最终必须落脚于农业生产的基本单位——微观农户。作为农业生产的基本主体，为降低气候变化带来的不利影响，农户也有必要做出适应性反应，提高气候变化适应能力。毫无疑问，微观农户适应气候变化能力的增强将有助于提高农业部门对气候变化的适应能力，进而有助于政策目标的实现。由此，从微观农户层面出发探讨农户对气候变化的适应性行为具有重要的理论和政策含义。

无论科学技术如何发展，粮食生产受气候变化的影响仍然最为直接

（Rosenzweing et al., 1998）。粮食安全问题需警钟长鸣，鉴于粮食生产的基础性地位，本书以粮食种植户为例，全面分析其对气候变化的适应性行为及其效应。

粮食种植户是否采取适应气候变化措施的基本条件是粮食种植户所在地是否发生了气候变化。在全球气候变暖的背景下，中国地表温度在过去的百年里上升了 0.5～0.8℃，最近 50 年里平均地表温度上升了 1.1℃[①]。那么，具体到中国粮食主产地区，气温、降水量的客观变化情况如何？极端天气事件发生情况呈现出怎样的变化？粮食种植户能否认识到气温、降水量等气候要素的变化？

粮食种植户实际上一直在适应气候的各种风险，即不断适应由于气候要素（如年平均温度、年降水量等）长期平均趋势变化导致的风险，也不断适应由于极端天气事件导致的风险。长期来看，粮食种植户有更为充足的时间调整策略或行为，那么，在长期气候变化条件下（较长时间段内的气温、降水量以及极端天气事件发生情况变化），粮食种植户普遍认可的适应性行为有哪些？粮食种植户的适应性行为主要针对气温变化，还是降水量变化？粮食种植户的适应性行为可能具有哪些特征，更需要劳动力投入还是更需要资本投入？粮食种植户适应性行为在多大程度上受到极端天气事件发生频率的影响？

短期来看，极端天气事件的发生具有偶然性，短时间内粮食种植户可利用的时间和能够采取的措施都相对有限。那么，短期内粮食种植户是否对当年极端天气事件做出反应？如何进行判断？

粮食种植户能否对气候变化做出适应性反应是实现趋利避害的关键所在。那么，粮食种植户对气候变化的适应性行为能否增加粮食产出，保证粮食产量？如果粮食种植户的适应性行为具有规避风险或降低损失的作用，它与过量施用化肥的风险规避行为之间的关系如何？

本书的选题和写作来源于对上述问题的思考。本书全面讨论了粮食种植户对气候变化的长期和短期适应性行为及其对农业生产的影响效应。目前，对微观农户的长期、短期适应性行为进行系统论述的研究并不多见。此外，本书研究结论有助于政府部门推广可行的适应性策略，提高农业部门的适应能力，对于保障我国粮食安全和农业的可持续发展具有重要意义。

---

① 数据来源于《气候变化国家评估报告》（2007 年）。

二、概念与研究对象界定

(一) 概念界定

1. 气候变化

在气象学中，气候与天气具有不同的内涵。天气指的是发生在某个特定时点的气象值，如某一天的气温，据此，天气变化属于短期波动。而关于极端天气事件，IPCC 评估报告对其进行了定义，其是指在某一特定时间和特定地点，发生概率较小的事件，是超过一定阈值的极端值（IPCC，2007）。气候描述的是某地区在一段时期内的平均气象状况，如气温、降水量等因素的平均状态，此外，气候还是对这些平均状态差异的统计，例如对极端热浪等极端天气事件的统计情况[①]（Dessler et al.，2012）。依据这样的定义，气候变化既包括气候要素（如年平均温度和降水量等）长期平均趋势的变化，也包括极端天气事件发生频率的变化。

气候变化不仅仅是一个气象学问题，也是一个政治问题和经济问题，与气候变化相关的研究具有交叉性、综合性和复合性（薄凡等，2017）。但无论从单一或者交叉学科视角出发研究气候变化，界定与衡量气候变化都至关重要。已有文献从经济学的视角分析气候变化对农业生产的影响以及农户对气候变化的适应性行为，其对气候变化界定和衡量方式如下：①一些文献关注一段时期内的气候要素（如年平均温度和降水量等）的平均值，或者一段时期内干旱、洪涝等极端天气事件的发生频率，考察较长时间内气候变化对农户行为的影响（Falco and Yesuf，2011）。②一些文献关注干旱、洪涝等极端天气事件的发生与否，考察短时间内极端天气事件对农户适应性行为的影响（Huang et al.，2015）。③有的文献基于降水量或气温数据，构建干旱、雨涝灾害、高温热害等指标，以反映极端

[①] 在一定程度上，气候要素平均状态差异或者极端天气情况的变化，可能比平均统计情况的变化更为重要。

天气事件的发生与否或者发生程度。④有的文献基于气温、降水量、农作物产出的面板数据,利用面板数据模型,考察年际气温、降水量变动对农作物产出的影响。

基于气候变化概念和已有气候变化与经济学方面文献的衡量方式,本书对气候变化的度量方法包括以下三个方面:一是气温、降水量要素(如年平均温度和降水量等)长期平均趋势的变化;二是一段时间内极端天气事件的发生频率的变化;三是短期内极端天气事件发生与否和发生程度。其中,前两个方面反映的是较长时间的气候变化,第三个方面反映的是短期内的气候变化①。换言之,一段时间内②的平均气温、一段时间内③的平均降水总量,以及一段时间内④极端天气事件的发生频率反映的是长期气候;当年极端天气事件发生与否、发生强度反映的是短期气候。

2. 农户对气候变化的适应性行为

2009 年经济合作组织(OECD)政策指南、IPCC 第五次评估报告对适应进行了说明,综合来看,适应是指自然系统、人类系统为应对实际或者预期的气候刺激因素或由其带来的影响而做出的避害趋利的调整;适应能力是指各系统对于实际或者预期的气候变化,可能在某些方面做出应对或适应的程度。

学术界也对适应的框架、相关内容及分类进行了广泛解读。综合来看,适应是适应者针对已经发生的影响做出的进一步调整,也是对未来预期影响的提前适应(罗良文等,2018)。适应的基本内容包括适应者、适应对策、适应性行为、适应效果。其中,适应对策是指人们适应或者应对气候变化的主要措施;适应性行为是人们适应或应对气候变化的决策过程;适应效果是指适应者的适应性行为能够带来具体效应或者影响效果(Smit et al.,1996;Smit et al.,2000)。

适应的分类较为多样且没有统一的原则,不同学者采用的术语也不尽相同。Smit 等(2002)对适应分类的说明较为全面:①从时间范围上看,适应可以分为长期性与短期性、偶然性与常规性、瞬间性与累积性;②从时间上看,适应可以分为事前与事后、预期性与应对性;③从目的性上看,适应可以分为计划性与自

---

① 这里的短期是相对于较长时间段的气候变化而言。
② 一段时间可以是 10 年、20 年、30 年等,此处的一段时间(长期)具体是指 1986~2014 年。
③ 此处的一段时间(长期)具体是指 1986~2014 年。
④ 此处的一段时间具体是指问卷中农户对近几年极端天气事件发生频率的感知。

主性、自发性与目的性、政策性与非政策性、主动性与被动性；④从空间上看，适应可以分为本地化与广泛性；⑤从适应主体上看，适应的主体不单单是政府，还包括个人、公司以及相关组织，如个体为避免暴晒选择浅色衣物、个体依据热度选择进餐的时间；政府对基础设施建设等的投资（Fankhauser et al.，1999）。

在本书中，农户对气候变化的适应性行为是指粮食种植户为应对实际的气候刺激因素或由其带来的影响而做出的避害趋利的调整，不包括对未来气候变化的行为调整。基于已有文献和现实情况，本书界定的粮食种植户对气候变化的适应性行为包括调整播种及收获的时间、调整农作物品种、更换种子品种、增加灌溉、排涝、补苗补种、退出农业、修建基础设施、购买水泵、选择新技术（如保护性耕作技术）、购买农业保险。此外，本书还界定了粮食种植户对气候变化的长期适应性行为，粮食种植户对极端天气事件的短期适应性行为。前者主要针对一段时间内的气候变化，是粮食种植户在较长时间内的适应性行为；后者则针对短期气候波动，是粮食种植户在有限时间里的适应性行为。

（二）研究对象

本书以粮食种植户对气候变化的适应性行为及其生产效应为主要研究对象，其中，粮食种植户包括小麦种植户、玉米种植户和水稻种植户，如果没有单独强调小麦种植户、玉米种植户或水稻种植户，粮食种植户则为小麦种植户、玉米种植户和水稻种植户的综合；适应性行为主要指粮食种植户对气候变化的长期适应性行为和湖北水稻种植户对当年极端天气事件的短期适应性行为。具体而言，粮食种植户的长期适应性行为数据来源于笔者对粮食种植户的问卷调查，包括调整播种及收获的时间、调整农作物品种、更换种子品种、增加灌溉、排涝、补苗补种、退出农业、修建基础设施、购买水泵、选择新技术（如保护性耕作技术）、购买农业保险。湖北水稻种植户的短期适应性行为是指极端天气事件背景下，湖北水稻种植户的要素投入调整情况，数据来自农业农村部农村固定观察点在湖北的调查。

本书还重点分析粮食种植户对气候变化的适应性行为对粮食投入产出的影响，其中，粮食投入的衡量指标是农户单位面积的化肥投入费用，粮食产出的衡量指标是粮食单产，数据来源于笔者对粮食种植户的问卷调查。

三、研究目标与研究假说

（一）研究目标

本书以粮食种植户的适应性行为及其生产效应为研究对象，基于长期视角下粮食种植户对气候变化的适应性行为等微观调查数据和气象数据，采用计量经济方法，具体分析气温、降水量变化、极端天气事件对粮食种植户适应性行为的影响，粮食种植户对气候变化的适应性行为的特征；考察粮食种植户是否会在短期内应对极端天气事件；分析粮食种植户的适应性行为给粮食投入产出带来的影响。本书期望为农业部门推广应对气候变化的措施或技术提供参考。

具体而言，本书首先在考察中国粮食主产区气候变化的基础上，讨论粮食种植户适应性行为选择的理论机制，基于微观调查数据实证分析粮食种植户对气候变化的感知及适应性行为；其次，基于微观调查数据，实证分析气温、降水量变化对粮食种植户农田管理型措施、工程类的措施采用及更换种子品种行为的影响，以识别出适应性行为主要针对气温变化还是降水量变化；再次，实证分析粮食种植户保护性耕作是否受到极端天气事件发生频率的影响；最后，实证分析粮食种植户适应性行为是否有助于粮食增产，是否影响化肥投入水平。此外，本书基于湖北水稻种植户的面板数据，考察水稻种植户的短期适应性行为，即水稻种植户要素投入是否受到极端天气事件的影响，以丰富关于农户对极端天气事件的短期适应性行为研究。根据本书关于粮食种植户对气候变化适应性行为的系统分析，相关组织或人员能够提高对适应性措施的认识，并为农户提供相应的支持。

结合以上研究问题和总目标，本书的具体目标如下：

目标1：本书将厘清气候变化的概念及内容，考察中国粮食主产区气温及降水量的变化趋势，分析中国粮食主产区农业气象灾害的情况，以基本掌握中国粮食生产区的气候变化特征，为本书展开实地调查提供基础。本书将对关于农户对气温（降水量变化）的适应性措施的文献、关于农户对极端天气事件的适应性行为的文献进行总结，厘清两者的联系和差异，构建粮食种植户对气候变化的适应性措施集合，并据此开展问卷设计和实地调查。

目标2：本书在数理推导的基础上，将粮食种植户的适应性行为分为农田管理型措施、工程类的措施采用及更换种子品种，考察气温、降水量变化对这三类适应性行为的影响。与此同时，实证分析家庭劳动力禀赋、资本禀赋对粮食种植户三类适应性行为的影响，以识别不同适应性措施的特征。气温、降水量的均值无法反映气候的异常情况，长期来看，极端天气事件发生越频繁，粮食种植户越会采取应对措施。本书继续基于长期的视角，实证分析粮食种植户保护性耕作决策行为是否受到过去多年里极端天气事件发生频率的影响，以识别长期内极端天气事件发生频率发挥的作用。

目标3：从短期来看，极端天气事件的发生具有偶然性，农户能够采取的措施较为有限。生产要素投入是确保当年粮食产出的基础，本书将考察农户要素投入是否受到极端天气事件发生及发生强度的影响，以识别农户是否具有短期适应性行为。

目标4：为考察粮食种植户适应性行为的生产效应，本书将考察粮食种植户对气候变化的适应性行为对粮食单产及其化肥投入的影响，并尽可能地解决适应性行为选择的内生性问题。

（二）有待验证的假说

为实现本书的研究目标，本书将在已有文献或者理论的基础上，提出以下研究假说，并基于微观农户数据，通过实证研究验证以下假说。本书的研究假说如下：

假说1：长期来看，气温、降水量变化对粮食种植户适应性行为的影响具有不确定性，但其二次项对粮食种植户的适应性行为具有正向影响。

长期来看，气候、降水量变化及其二次项对粮食种植户的适应性行为的影响在一定程度上取决于气候、降水量变化及其二次项对粮食产量的影响。气温、降水量变化给中国粮食产量带来的影响具有不确定性。一方面，在同一区域，气温、降水量变化对不同粮食产量的影响结果不同。例如，气温上升对华南地区的水稻单产具有正向影响（尹朝静，2017），但孙茹等（2016）指出气温上升背景下中国华南地区小麦呈现减产趋势。另一方面，气候变化对同一种粮食产量的影响存在区域差异。例如，气温升高可以使东北地区的水稻获得足够的热量，有利于水稻增产，但其他区域的气温升高可能导致水稻获得的热量过多，造成水稻减产（尹朝静，2017）；刘江等（2018）研究显示，辽宁南部沿海地区的玉米气候生产潜力与辽宁东部地区呈相反变化趋势。

如果气温、降水量变化对粮食产量具有正向影响，粮食种植户则可能不需要采用应对措施。相反，如果气温、降水量变化对粮食产量具有负向影响，粮食种植户则需要采用应对措施。由此，本书认为气温、降水量变化对粮食种植户适应性行为的影响具有不确定性。

但超过一定合适区间的气温和降水量变化不利于粮食作物生长，这主要体现在以下四个方面：一是气温过高或过低影响粮食作物的受精过程。例如，高温或低温影响水稻颖花的生成和发育，导致水稻花器官受精失败（吴超和崔克辉，2014）。二是温度过高增加粮食作物的呼吸作用。例如，温度过高会削减玉米光合作用，增强其呼吸作用，增加玉米自身有机物的消耗，进而造成玉米减产（韩智博等，2018）。三是粮食作物生产关键期缺水影响结实率。例如，水稻拔节孕穗期和灌浆结实期缺水造成水稻穗粒数和结实率下降；小麦抽穗期和灌浆期缺水导致小麦减产（李彦彬等，2018）。四是过多的降水易引发病虫害，易造成植株倒伏（王云彬，2018）。

显然，气温和降水量增加或减少到一定程度会造成粮食作物减产。农户为避免高温、降水过量，低温或者降水不足对粮食单产的潜在或实际负面影响，通常会采用措施，如调整灌溉、调整收获日期或者在下一季更换种子品种等。由此，本书提出假说：当气温、降水量增加到某一临界点，气温、降水量变化对粮食种植户的适应性行为具有正向影响，即气温、降水量的二次项对粮食种植户的适应性行为具有正向影响。

假说2：以保护性耕作为例，长期来看，极端天气事件频发对粮食种植户保护性耕作决策行为具有正向影响。

在全球气候变暖的背景下，极端天气事件发生的强度及频率均有所增加。高温易导致土壤矿物质的挥发，雨涝灾害易导致土壤矿物质的流失，这些都会导致土壤肥力的下降。土壤肥力下降不利于粮食作物的生长。保护性耕作恰好是一项有助于保持土壤肥力的农业现代技术，其目标是为农作物生长提供良好的水土环境，改善土壤有机质含量，提高土壤水分渗透性。粮食种植户为避免由土壤肥力下降带来的不利影响，稳定粮食产出，极有可能采取保持土壤肥力的措施。由此，本书提出假说：长期来看，极端天气事件频发对粮食种植户保护性耕作行为具有正向影响。

假说3：短期来看，极端天气事件的发生对水稻种植户要素投入具有正向影响，但极端天气事件发生程度的增加对水稻种植户要素投入具有显著的负向影响。

气温、降水量变化是个相对漫长的过程，在这一过程中水稻种植户有较充分的时间采取措施。但当年极端天气事件具有一定的偶然性，水稻种植户短期内能够利用的时间有限，能够采用的措施较少，如水稻种植户无法及时修建基础设施。化肥、种子、农药、劳动等要素投入是确保当年农业产出的基础，农户能够在短时间内调整要素的投入水平。短时间内，如果水稻种植户预期调整要素投入带来的净收益大于0，水稻种植户将根据实际极端天气条件直接调整生产要素投入。例如，雨涝灾害发生后，稻苗被淹，无法正常生长，为此，水稻种植户需要投入人力来疏通沟渠，及时排水。干旱导致粮食作物缺水，生长受阻，为此，水稻种植户需要增加灌溉次数或强度。水稻成熟期的高温会增加化学物质的蒸发速率，不利于水稻的正常生长（Kawasaki and Uchida，2016），为此，水稻种植户需要调整化学物质的投入量。

不过，随着极端天气事件的发生强度的不断增加，水稻种植户预期净收入为0且由极端天气事件带来的损失无法被弥补，水稻种植户将外出务工，减少农业投入。例如，在农作物生长的初期遭遇极其不利天气，水稻种植户就会投入更少的无机肥或重新分配劳动力资源（Sesmero et al.，2018）。由此，本书提出假说：极端天气事件的发生对水稻种植户要素投入具有正向影响，但极端天气事件发生程度的增加对水稻种植户生产投入具有显著的负向影响。

假说4：在其他条件不变的情况下，粮食种植户的适应性行为对粮食单产具有正向影响，对化肥投入费用具有正向影响。

只有当粮食种植户的适应性行为带来的预期净收益大于无适应性行为的预期净收益时，粮食种植户才会有适应性行为。那么，在假设粮食价格是外生变量的条件下，粮食种植户适应性行为对粮食产量具有正向影响时，粮食种植户才会采用适应性措施。本书提出假说：在其他条件不变的情况下，粮食种植户的适应性行为对粮食单产具有正向影响。

关于粮食种植户适应性行为与化肥投入之间的关系。一方面，粮食种植户适应性行为包括补种补苗、更换种子品种、调整灌溉、排涝、采用保护性耕作技术、购买农业保险等。其中一些措施可能导致粮食种植户减少化肥投入，如保护性耕作技术能提高土壤肥力，采用保护性耕作的粮食种植户会减少化肥投入；采用特性种子的粮食种植户会减少化肥投入；粮食种植户参加农业保险有助于其降低化肥等的施用量（王常伟等，2013）。还有一些措施可能导致粮食种植户增加化肥投入，如种苗数量的增多有可能增加粮食种植户化肥使用量；排涝易导致土壤营养物质流失，粮食种植户会增加化肥投入以保证土壤质量。在适应性措施的集合中，粮食种植户青睐于选择补种补苗、排涝，较少采用保护性耕作和购买保险。由此，粮食种植户的适应性行为可能导致其增加化肥投入。另一方面，化肥具有保证粮食产出，降低风险的作用，而采用适应性措施的粮食种植户多属于风险规避型农户，在粮食生产中可能倾向于投入更多化肥以降低农业生产风险。综上所述，本书提出假说：在其他条件不变的情况下，粮食种植户的适应性行为对化肥投入具有正向影响。

四、研究方法与研究数据

（一）研究方法

本书明确气候变化、适应的基本概念，回顾关于农户对气候变化的适应性行为的文献，收集粮食种植户的调查数据，在此基础上，采用理论分析和实证分析相结合的方式，讨论粮食种植户的适应性行为以及粮食种植户的适应性行为对粮食投入产出的影响。本书采用的主要研究方法如下：

（1）文献研究法。一方面，本书收集"气候变化趋势分析""气候变化对农业生产影响分析""农户对气候变化的适应性行为"等方面的大量文献，通过对相关文献的阅读，了解气候变化的概念和内涵以及如何测度气候变化，明确气候变化对农业生产影响的方方面面，掌握农户适应性行为的目的和内涵；通过对已有文献的述评，比较已有文献在研究思路和研究方法上的异同，找出已有研究存在的不足和尚未解决的问题。另一方面，本书收集和整理中国粮食主产区气象数据，分析气候变化趋势，为后续粮食种植户适应性行为研究奠定基础；与此同时，理解微观农户截面数据与面板数据的优缺点，收集和整理农业农村部农村固定观察点在湖北省的调查数据。

（2）问卷调查法。粮食种植户调查数据是本书的数据基础，为此，本书开展问卷设计和实地调查。本书对河北、山东、河南、湖北、湖南等地的粮食种植户进行了实地调查。实地调查采用随机抽样的方法。为保证调查问卷的质量，本次实地调查首先对调查员进行统一培训，然后由调查员展开"面对面"的问卷调查。

（3）统计分析方法。本书利用线性倾向估计方法分析中国粮食主产区平均温度、平均累积降水总量的变化趋势。在获取粮食种植户的调查数据后，本书利用描述性统计分析方法，分析粮食种植户对气候变化的感知以及适应性行为等问题。

（4）计量经济学方法。本书依据研究目的和内容，采用不同计量经济学分析方法。其中，利用二元离散 Probit 模型分析气温变化、降水量变化、家庭禀赋对粮食种植户的适应性行为的影响；利用熵权法测算粮食种植户的适应能力，在此基础上，利用二元离散 Probit 模型分析气温变化、降水量变化以及粮食种植户五类资本水平（或适应能力）对粮食种植户适应性行为的影响；利用二元离散 Logistic 模型、补对数—对数模型分析极端天气事件发生频率、家庭收入水平对粮食种植户保护性耕作决策的影响；为更好地处理内生性问题，利用内生转换模型分析粮食种植户适应性行为对粮食单产的影响；为解决内生性问题和估计边际效应，利用内生转换模型、处理效应模型分析粮食种植户适应性行为对化肥投入的影响；基于湖北水稻种植户数据，利用面板数据固定效应模型分析极端天气事件对水稻种植户要素投入的影响。更为详细的方法介绍和过程见后续实证研究章节。

（二）数据来源

1. 宏观统计数据

本书采用的宏观统计数据主要来自中国气象科学数据共享网①、《中国统计

---

① 数据来源于 http://data.cma.cn/。

年鉴》。其中，中国粮食主产区①的平均气温、降水总量数据来自中国地面气候资料的月值数据集；被调查粮食种植户所在村的平均气温、降水总量数据来自与其对应的气象站点的地面气候资料的月值数据集；中国各省农作物受灾面积、成灾面积来自《中国统计年鉴》。本书核算湖北高温热害指数、雨涝灾害指数的气温、降水量数据来自湖北地面气象资料的日值数据集。

2. 微观农户截面调查数据

从中国粮食主产区分布来看，北方玉米区和黄淮海玉米区是中国玉米的主要产区，其他产区还包括江苏、湖北等。中国小麦以冬小麦为主，冬小麦主产区播种面积约占全国小麦总播种面积的83%，冬小麦主要产区包括河南、山东、安徽和河北等。水稻主产区常年播种面积约占全国总播种面积的90%以上，水稻主要产区包括吉林、江苏、浙江等。本书以河北、河南、湖北、湖南、吉林、山东以及四川为农户数据的收集地。

笔者于2015～2016年展开实地调查。实地调查采用多阶段抽样的方法。首先，笔者在综合考虑地域分布、粮食作物生产情况的基础上选择样本省份，这些省份包括河南、河北、湖南、湖北、吉林、山东和四川；其次，在每个省根据农业生产水平抽样选取1～3个样本县（区），运用同样的方法选择1～3个样本镇、1～4个样本村；最后，在每个样本村中随机抽取10～30户农户。样本村的具体分布如下：湖南包括醴陵市（司徒村、坝上村）、沅江市（安东村）、南县（陶家村）；吉林包括船营区（新风村、干沟村、五里桥村、通气沟村）、梨树县（老山头村、小桥子村）；四川包括船山区（桥墩村）；河北包括广平（马虎庄、新镇、靳庄）；河南包括登封（后河、庄头、闫坡、高爻）、淇滨区（三里屯村、老鸦章村）、柘城县（天门赵）；山东包括莱州（上马家村、西朱旺村、高山村）、临淄（侯家村、安合村、西门村）、郯城县（后段宅村、翁屯、马屯村）、烟台（庄头村）；湖北包括秭归县（峡口、尚水坪、马回营）。

本书共收集897户的有效农户问卷，样本农户均是粮食种植户，他们种植的农作物包括玉米、小麦和水稻，其中，水稻种植户的样本来自湖南、四川及吉林，共涉及338户农户；小麦种植户的样本来自河北、河南及山东，共涉及237

---

① 本书的粮食主产区包括江苏、安徽、浙江、江西、湖北、湖南、四川、云南、贵州、河北、河南、山东、辽宁、吉林、黑龙江、内蒙古、山西、陕西。

户农户；玉米种植户的样本来自河北、河南、山东及湖北，共涉及 322 户农户。

调研问卷主要包括两方面的内容：一是村级相关信息，主要包括村级是否存在灌溉渠道、村是否收到相关气象信息服务或者物质技术支持等；二是农户基本情况。调查员对样本农户进行了面对面访谈。调查信息主要包括农户的家庭基本情况、2015 年的农业投入生产情况、农户对气候变化的感知、农户对极端天气事件的感知、农户获得气象信息的渠道、农户对气候变化的适应性措施选择等。问卷具体内容详见本书附录。

3. 微观农户面板调查数据

微观农户面板调查数据来自农业农村部农村固定观察点在湖北省 2003～2011 年的调查数据。本书在剔除异常值和缺失值后，得到 2003～2011 年这 9 年共 2619 个水稻种植户样本数据，每年均包括 291 个水稻种植户。样本水稻种植户的地区分布基本涉及了湖北省大部分水稻种植地区，研究区域包括了鄂东、中、东南、西南、西北及江汉平原稻区，其中，鄂西南山地单季稻区样本量最少，江汉平原双季稻区样本量最大。

五、研究思路与研究内容

（一）研究思路

本书具体研究思路如下：第一，明确气候变化和适应的内涵，界定本书的研究对象，即粮食种植户对气候变化的适应性行为及其效应。回顾和梳理关于气候变化对农业的影响、农户适应性行为研究的文献，明确已有研究进展和可能存在的不足，并据此开展本书的研究。第二，考察我国粮食主产区的气温、降水量变化趋势及农业气象灾害情况。第三，讨论粮食种植户采用适应性措施的理论机制，然后开展问卷调查，收集粮食种植户的微观调查数据，实证分析粮食种植户对气候变化的适应性行为情况。第四，从长期视角，基于农户调查数据和农户技术选择的数理模型，选择农田管理型、工程类、更换种子品种这三类措施，分析长期气温与降水量变化、家庭劳动力禀赋及资本禀赋对粮食种植户三类适应性行为的影响，以识别出粮食种植户对气温、降水量变化的适应性措施及其特征。接下来继续基于长期视角和农户调查数据，分析极端天气事件发生频率对粮食种植户保护性耕作行为的影响。第五，从短期视角出发，利用湖北水稻种植户面板数据，分析极端天气事件对湖北水稻种植户要素投入的影响。第六，讨论农户适应性行为的生产效应，即基于农户调查数据，分析粮食种植户适应性行为对粮食投入产出的影响。第七，总结研究结论，并据此提出提高粮食种植户应对气候变化能力的政策建议，供相关部门参考。

（二）研究内容

根据上述论文的研究目标和研究思路，本书共分为九章，各章内容如下：

第一章是导论。本章首先提出研究问题，界定概念、明确本书的研究对象；其次；在此基础上，提出研究目标和本书的 4 个研究假说，介绍本书用到的研究方法和数据；再次，阐述研究思路、各个章节的研究内容；最后，提出本书的创新之处。

第二章是文献综述。本章回顾了关于气候变化对农业的影响、农户适应性行为研究的文献，并对其进行系统梳理。梳理后的文献主要涉及三个方面：一是农户对气温、降水量变化的适应性行为及其影响因素；二是农户对极端天气事件的适应性行为及其影响因素；三是农户的适应性行为产生的效应。随后，本章对已有文献进行述评，明确已有研究进展和可能存在的不足。

第三章分析了我国粮食主产区的气温、降水量变化以及农业气象灾害情况，这里的粮食主产区基本包括了我国主要的粮食主产省。本章首先基于各省各气象站点 1986~2014 年气温、降水量数据，利用线性倾向估计方法，对我国主要粮食主产区的气温、降水量变化情况进行分析；其次对我国粮食主产区的受灾情况展开具体讨论。

第四至八章是本书的核心章节。第四章分析了粮食种植户对气候变化的感知及适应性行为。本书基于不确定性条件下的农户决策行为理论，对粮食种植户适应性行为的理论机制进行讨论。与此同时，本章基于农户调查数据，利用描述性统计分析方法，对粮食种植户的气候变化感知及适应性行为、个体及家庭特征进行分析。

第五章分析了气温、降水量变化以及家庭禀赋对粮食种植户适应性行为的影响。本章首先建立粮食种植户适应性行为选择的数理模型，选择农田管理型措施、更换种子品种、工程类措施这三类措施。其次，从长期的视角，基于农户调查数据，1986～2014年气象站的气温、降水量数据，采用二元离散 Probit 选择模型，重点分析1986～2014年的多年平均气温、多年平均降水总量、劳动力禀赋以及资本禀赋对粮食种植户三类适应性行为的影响。最后，本章进行稳健性检验，在可持续生计框架下测算粮食种植户各个资本水平以及适应能力，实证分析1986～2014年的年均气温、年均降水总量、粮食种植户各个资本水平（适应能力）对粮食种植户三类适应性行为的影响。

第六章分析了极端天气事件发生频率对粮食种植户保护性耕作决策的影响。本章从长期的视角，基于农户调查数据，采用二元离散 Logit 模型、补对数—对数模型，分析粮食种植户对极端天气事件发生频率的感知对其保护性耕作决策的影响。与此同时，本章在基础模型上加入粮食种植户感知和其收入水平的交叉项，以回答在粮食种植户感知相同的情况下，收入水平对粮食种植户保护性耕作决策的影响。

第七章分析了农户对极端天气事件的短期适应性行为，即极端天气事件对农户要素投入的影响。本章首先利用湖北气象站点地面气象资料的日值气温、降水量数据，测算被调查村的雨涝灾害和高温热害指数；其次，利用2003～2011年湖北农村固定观察点水稻调查户面板数据、雨涝灾害和高温热害指数，采用方差分析和面板数据固定效应模型，分析极端天气事件对水稻种植户要素投入的影响。

第八章分析了粮食种植户适应性行为对化肥投入与粮食单产的影响。本章首先基于农户截面数据，利用内生转换模型，分析粮食种植户的适应性行为对粮食产量的影响。其次，为保证结果的稳健性，基于分样本小麦、玉米种植户的数据，采用内生转换模型，考察小麦种植户的适应性行为对小麦单产的影响，以及玉米种植户的适应性行为对玉米单产的影响。最后，利用内生转换模型、处理效应模型分析粮食种植户适应性行为对化肥投入费用的影响。

第九章是研究结论与政策建议。首先总结各章节的研究结论，其次据此提出相关政策建议，最后提出本书对未来研究的展望。

（三）技术路线

在气候变暖与极端天气事件频发的背景下，本书以粮食种植户对气候变化的适应性行为及其生产效应为研究对象，从调查和实证层面探讨粮食种植户对气候变化的长期适应性行为及其影响因素，以及长期适应性行为在农业生产中发挥的效应，并从实证层面分析农户对极端天气事件的短期适应性行为。基于上述研究目标以及研究内容，本书技术路线如图1-1所示。

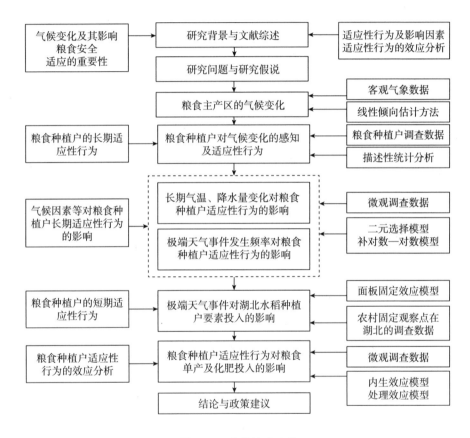

图1-1 本书技术路线

六、创新之处

与已有文献相比，本书可能存在的创新主要体现在三个方面：

第一，研究内容的创新。国内文献主要考察农户对极端天气事件的短期适应性行为对农作物产出的影响。农户的短期适应性行为通常反映农户的有限适应。从长期看，农户有更为充足的时间调整策略和行为，农户的长期适应性行为能够反映农户的充分适应。但是，目前少有国内文献分析农户的长期适应性行为对农作物产出的影响。本书基于长期视角，实证检验粮食种植户的长期适应性行为对粮食产出的影响。

第二，研究方法的创新。①本书采用内生转换模型、处理效应模型对粮食种植户适应性行为的生产效应进行研究。在评估粮食种植户适应性行为的生产效应时，粮食种植户对气候变化的适应性行为与无法观测的因素（农户的能力或者资源禀赋）之间存在系统相关，这就会导致样本自选择问题，样本自选择偏误将导致估计结果的不一致，内生转换模型能有效地解决这一问题。为解决样本自选择问题，本书采用内生转换模型分析粮食种植户的适应性行为及其对粮食投入产出的影响。内生转换模型虽然能解决由不可观测变量带来的内生性问题，但无法评估边际效应，处理效应模型则不仅能解决内生性问题，还能直接评估边际效应，却鲜有应用。基于此，本书进一步采用处理效应模型分析粮食种植户的适应性行为对化肥投入的边际影响。②已有文献基于农户横截面或者短面板数据，分析极端天气事件对补苗洗苗、要素调整、灌溉投入等农户短期适应性行为的影响，但限于数据的可获得性，少有文献利用农户长面板数据分析农户的短期适应性行为。实际上，面板数据固定效应模型能够在一定程度上解决遗漏变量问题，使模型估计更准确。与已有文献不同，本书利用 2003 ~ 2011 年湖北水稻调查户面板数据，采用面板数据固定效应模型，分析水稻种植户的短期适应性行为。

第三，研究指标的创新。①已有文献多基于农户的横截面数据，分析气候因素变化对农户适应性行为的影响，其中，气候因素的衡量指标大多采用当年的气温、降水量等。虽然地区之间的气候差异能被看作是气候变化，但其不能完全反映气候因素在时间上的变化。本书利用 1986 ~ 2014 年的多年平均气温、1986 ~ 2014 年的多年平均降水总量衡量气候因素，分析较长时间的气候因素对粮食种植户农田型管理措施、工程类的措施采用及更换种子品种行为的影响。②本书在关注长期气候因素的同时，还关注了极端天气事件。极端天气事件能反映气候的异常情况，且对农业生产的影响更为明显。已有文献经常采用 0、1 分类变量衡量极端天气事件发生与否，这种衡量方式无法反映极端天气事件的发生频率或程度。本书构建了粮食种植户对极端天气事件发生频率的感知、雨涝灾害指数和高温热害综合指数等，这相对已有文献而言更加准确。

第二章　文献综述

第一章对气候变化、适应等相关概念进行了介绍，本章将明确气候变化经济学的产生及发展，回顾、梳理和简要述评关于气候变化对农业的影响、农户对气候变化的适应性行为的文献，明确已有研究进展和可能存在的不足，为本书的实证分析提供参考。

一、气候变化经济学研究

自然科学方法有助于人们认识气候变化的过程、结果以及潜在成因，但自然科学方法无法定量分析气候变化对人类社会的影响、定量评估政策的有效性。因此，从经济学的视角分析气候变化问题具有重要意义，气候变化经济学也由此产生和发展（何建坤等，2014）。

气候变化是一个外部性问题、公共物品问题以及发展权问题。从经济学角度来看，鉴于排放负外部性的存在，人们排放温室气体却没有付出相应的成本，一旦温室气体累积引发温室效应，气候变化带来的损失将由全社会承担。那么，如何解决温室气体排放的问题，何种政策会较为有效。诺德豪斯（Nordhaus）作为研究气候变化经济学的开创者，提出的核心观点是政策措施只有经过经济系统才能发挥效力。关于如何程式化气候—经济分析框架，他先后提出了温室气体减排的静态综合分析模块和动态集成的气候经济模型。后者基于新古典经济学理论，构建了包括生产、投资和消费等在内的宏观经济子模块，三碳库模型与气候模型之间的复杂动态关联。随后，诺德豪斯又致力于将单区域动态集成的气候经济模型（DICE）扩展为多区域动态集成的气候经济模型（RICE），以分析不同国家间完全不合作、完全合作及有限合作的减排效果，并发现合作政策能够带来更高的减排水平（段宏波等，2018）。

在单区域以及区域动态集成的气候经济模型的研究实践中，气候变化综合评估模型的运行流程可阐述为经济社会活动、碳循环、气候系统、气候变化影响以及排放控制之间的作用关系。此后，气候变化经济学以单区域动态集成的气候经济模型为基础，诞生了一系列气候变化综合评估模型，代表模型包括碳排放轨迹评估模型（CETA）、GREEN 模型、排放预测与政策分析模型（EPPA）、全球和地区温室气体减排政策影响模型（MERGE）等。

气候变化经济学又基于对单区域、多区域动态集成的气候经济模型的扩展，进一步地诞生了内生技术低碳化模型（DEMETER）、内生技术变化的气候经济集成模型（ENTICE）、Logistic 技术驱动的 3E 系统集成模型（E3METL）等。

毫无疑问，以上这些模型对碳排控制政策的制定与国际合作应对气候变化具有重要意义。但是，不同模型对时间偏好设定、效用函数设定以及气候变化不确定性的设定不同，这导致模型的估计结果存在较大差异。目前为止，在各种减排政策中，如直接管制、税收、补贴、排污权交易等，到底哪种形式的减排政策最为有效，答案莫衷一是（罗良文等，2018）。

事实上，除减排政策外，适应性政策也是应对气候变化的重要手段。适应性政策的目的在于减弱气候变化带来的影响，而非实现尽可能少的气候变化。减排政策与适应政策相辅相成。2007 年联合国气候变化大会上通过的《巴厘行动计划》就强调，适应与减缓气候变化具有同等重要的地位。

二、政府部门对气候变化的适应

由于气候变化与农业生产之间具有天然联系，气候变化对农业生产的影响最为直接。气候变化对农业生产影响的结果还取决于人们对气候变化的适应。

在宏观层面，政府部门的适应主要体现在以下三个方面：第一，应对气候变化，社会服务组织或政府发挥着积极作用（Chen et al.，2014；Wang et al.，

2015；Huang et al.，2015；冯晓龙等，2017）。例如，政府提供的有效信息，政策支持（技术支持、物质支持、财政支持）有利于农作物产量的增加（Huang et al.，2014；冯晓龙等，2016；唐利群，2018）。第二，政府公共物品供给的辐射作用大。USDA（2012）强调农业基础设施建设是提高农业适应能力的重要方式。有效灌溉面积占比、基础设施建设对保证农作物产量具有积极作用（陈帅等，2015；陈帅，2016；Chen et al.，2016；尹朝静等，2016a）。第三，应对气候变化，技术进步与创新是关键（Theu et al.，1996；肖风劲等，2006；Venkateswarlu and Shanker，2009；尹朝静等，2016b）。农业的可持续发展要实现农业生产条件从"靠天吃饭"向提高物质装备水平，从依靠资源投入向促进科技进步的方向转变（周洁红等，2015）。Theu 等（1996）指出，选育优良品种是应对气候变化不利影响最为重要的措施。

在微观层面，农民作为农业生产的基础单位，气候变化对农业的影响也必然和农民的行为紧密相关。其实，长期以来，农户一直在适应气候变化的各种风险，既有对气候长期平均趋势变化的适应，也有对极端天气事件的适应。接下来，本书将从长期平均趋势变化、极端天气事件两个方面对与农户的适应性行为研究相关的文献进行回顾与述评。

三、农户对气候变化的适应性行为、影响因素及其效应

（一）基于宏观数据的实证分析

气候变化对农业生产影响的分析不能忽视行为主体对气候变化的适应性行为。由于控制性实验方法较少考虑农户适应性行为，该方法可能高估了气候变化对农业的负面影响（Mendelsohn et al.，1994）。经济学家倾向于采用历史统计数据，运用计量经济学方法，结合气候情景分析气温、降水、积温等气候因素变化对农业生产的影响。经济学分析方法的优势在于它能够将农户的适应性行为纳入评估模型中，使气候变化对农业影响的评估更为可靠（Lobell，2006）。

诸多文献利用计量经济学方法分析气候变化对农业生产的影响。依据已有文献是否考虑农户的适应性行为，文献可分为两类：第一类文献基本不考虑农户的适应性行为，直接地分析气候变化对农作物单产的影响；第二类文献将农户的适应性行为考虑在内，分析气候变化对各种福利指标（土地价值、收益或利润等）的影响。

　　具体而言，第一类文献倾向于利用面板数据以及面板数据模型，分析气候变化对农作物单产的影响。例如，Mendelsohn 等（1994）、Massetti 和 Mendelsohn（2011）用当年或者农作物整个生长期的平均气温和降水来测量气候变量，进而分析气候变量对农作物单产的影响。有的文献还重点度量了气候变化对农作物单产的非线性影响，如 Schlenker 和 Roberts（2006，2009）将农作物生长期间的降水及其二次方纳入计量经济学模型中。积温指标也常被用来衡量气候因素与农作物单产之间的非线性关系。依据农学原理，积温能反映农作物生长期间累积热量，能从作用时间和强度上反映气温对农作物生长发育的影响（Baskerville and Emin，1969；Ritchie and NeSmith，1991）。在实证研究中，学者们通常先分段定义区间积温，然后将所有区间积温纳入计量模型中，通过比较区间积温的边际影响，分析气温变化对农作物单产的非线性影响（Schlenker and Roberts，2009；Fisher et al.，2012；Robert et al.，2013）。

　　在第二类文献中，Mendelsohn 等（1999）指出，不考虑生产者的适应性行为将会高估气候变化的负面影响，并首次提出了新的估计方法——李嘉图模型。该模型假定农户在预期天气条件下种植他认为最合适的农作物以获得最大土地利润，那么给定一个贴现因子，农户将获得种植这一作物的最大土地价值。对于可能多样化种植的农户而言，他将通过多样化种植获得最大的土地总价值。在此假定下，李嘉图模型主要考察土地价值怎样随着不同地区的气候变化而变化，其中的被解释变量是土地价值，解释变量是当年之前 30 年的平均温度和平均降水量。Mendelsohn 等依据由截面数据得到的估计系数和气候情景的预估结果，推断以往传统生产函数法得到的全球变暖对美国农业的不利影响被高估了。Mendelsohn 等（1994）的这一研究明确地反映了农户适应性行为的重要性。

　　然而，截面数据分析存在遗漏变量问题、不可观测变量与气候因素相关问题（Schlenker et al.，2005；DesChenes and Greenstone，2007）。为了弥补这些不足，已有文献开始采用面板数据分析气候变化与农业产出（及各种福利指标）之间的关系（DesChenes and Greenstone，2007；Schlenker and Roberts，2009；Welch et al.，2010）。除计量方法上的改进外，基于面板数据分析的气候变化对农业产出影响的内在含义也发生了改变。在截面数据模型中，气候因素前的待估计参数反映的是气候与土地总价值的长期关系，而在面板数据模型中，气候因素前的待估计参数反映的是年际天气变化对土地价值的影响。Deschenes 和 Greenstone（2007）利用美国县域面板数据的研究发现，短期天气变化与土地价值之间没有统计上的显著关系，由此，一旦考虑生产者或农户的适应性行为，未来气候变化可能并不会影响美国农业。

事实上，面板数据模型也存在不足，它会损失一些有效信息，例如，基于年际天气变化的分析并没有考虑到农业生产者对气候变化的长期适应。与长期适应相比，短期内农业生产者能够采用的适应措施十分有限（Massetti and Mendelsohn，2011），而且李嘉图模型中的长期适应措施如调整作物结构、农牧转换等措施短期内难以实现（Kurukulasuriya and Mendelsohn，2008；Seo and Mendelsohn，2008）。由此，基于面板数据的李嘉图模型也可能导致气候变化对农业产出影响的低估。

为了能够将农户对长期气候变化和年际天气波动的适应性行为纳入一个统一的分析框架下，Kelly 等（2005）利用混合数据进行气候变化对农业产出的分析。其中，气候因素的指标包括实际发生天气、过去多年的平均降水及气温、过去多年降水及气温的标准差。第一个指标主要反映的是年际天气变化带来的影响（考察农户的短期适应性行为），后两个指标反映的是长期气候变化带来的影响（考察农户的长期适应性行为）。同样地，为了弥补截面数据模型与面板数据模型的不足，Burke 和 Emerick（2016）开创了新的研究方法"长差分估计"模型。该方法的内在逻辑是对于某一特定地区，在构造两个不同时间段的平均天气指标及平均土地利润以后，估计两者之间的关系。在"长差分估计"模型下，农户的长期适应性行为未被忽略，而且截面数据中存在的潜在遗漏变量问题也得以解决。

评估气候变化对农业产出的影响，是否考虑农户对气候变化的适应性行为已较为关键。综合来看，基于截面数据的研究通常假设农户采用了应对气候变化的措施，而基于面板数据的研究暗含着农户可能对短期气候变化做出反应。那么，学者们通过比较不同模型的气候因素变量前系数的估计结果，就能够识别农户的气候变化适应性行为是否存在或者有效。例如，Schlenker 和 Roberts（2009）分别估计了时间序列、面板数据、截面数据以及混合数据模型，四个模型得到的估计结果非常相近，由此，他们认为农户对气候变化的适应性措施不会显著影响气候变化对农业产出的估计结果，或者农户对同一种作物做出的适应性反应有限。Burke 和 Emerick（2016）基于面板数据模型和"长差分估计"模型估计结果的比较，发现无论短期还是长期，气候因素前的系数估计结果差异极小，并由此认为农户对气候变化的适应性行为十分有限。不过，这一结论还有待商榷。

上述文献采用的数据基本来源于县域或者省域层面，暗含的假设条件是农户是同质的，但在实际生活中，农户是异质的。鉴于此，已有文献开始以农户调查数据为基础，开展微观研究。而且，许多经验研究提供了农户选择或采用适应性措施的相关证据（Howden et al.，2007；Deressa et al.，2009a；Falco and Yesuf，2011；Tao et al.，2012；Wang et al.，2012；Yu et al.，2013；Wang et al.，2014；Shi and Tao，2014）。接下来，本书将对于农户对气温变化、极端天气事件的适应性行为相关的调查研究展开述评，重点讨论农户适应性行为的内容、气候变化的衡量指标、气候变化对农户适应性行为的影响。

（二）基于微观数据的实证分析

1. 农户对气温、降水量变化的适应性行为

已有文献通过收集农户的调查数据来识别农户是否对气温、降水量变化做出适应性反应。调查方法主要有三种：一是调查人员设定一系列措施，询问农户当前实际生产过程是否采用了这些措施；二是首先询问农户是否感知到过去多年里气温、降水量的变化以及气温或者降水量的变化方向，然后询问农户是否采用过适应性措施以及采取何种适应性措施；三是询问农户未来是否将采用适应性措施以及将采取何种适应性措施。已有文献主要关注农户过去或当前的适应性行为，即上述方法的第一、二部分，因为其研究成果能够为农户应对未来气候变化提供参考。

在气候变化背景下，农户能够感知到气候变化，而且会采用适应性措施，但采用程度因国家和地区不同而存在差异。例如，Gebrehiwot 等（2013）发现，来自埃塞俄比亚的农户能够感知过去 20 年里气温及降水量的变化，但仅有 50% 的农户会采取相应措施。Falco 等（2010）发现，埃塞俄比亚农户会调整农作物类

型，采用保持水土及与水资源相关策略。Huong 等（2017）基于越南的研究表明，在感知到气候变化的农户中，82%农户采取相应适应性措施，其中，大多数农户会调整农作物类型或者品种、调整农作物种植时间，极少数农户会采取水资源管理等较为先进的措施。

农户对气温、降水量变化的措施有很多种类。依据 Smit 和 Skinner（2002）、吕亚荣和陈淑芬（2010）研究，相关适应性措施有生产性措施与金融管理措施。前者涉及改变农业生产时间、多样化种植、更新灌溉技术、采用新技术、增加农药及化肥等生产要素投入，后者包括购买农业保险、多元化家庭收入来源渠道。依据 Chen 等（2014）研究，农户适应性措施可分为工程类措施与非工程类措施，前者包括打井、买泵、修建水渠和喷灌设备，后者包括更换农作物品种、购买保险、调整生产要素投入、调整农作物播种或收获日期、增加灌溉强度。已有文献还单独分析农户某一具体的适应性措施。例如，王金霞等（2010）指出，在较为温暖的地方，农民倾向于种植小麦、玉米、棉花和油料作物；在较为湿润的地方，农户会倾向于种植水稻、大豆、棉花及蔬菜。邢鹏和黄昆（2007）强调，农业保险有助于分散农业生产风险，是农户适应气候变化措施的重要内容。

农户对不同适应性措施的偏好程度不同，农户倾向于采用非工程类措施，而不倾向于采用工程类措施。具体而言，Bryan 等（2009）和 Falco 等（2014）均指出，在气候变暖及其影响下，农户主要调整作物类型或种植结构，其原因在于这些方式能够多元化农户家庭收入，增加农民福利。为避免盛夏高温，降低水稻生产的气候风险，中国水稻种植户主要调整水稻播种日期（周曙东，2010；朱红根和周曙东，2016）。陈欢等（2014）发现，为应对气候变暖，江苏水稻种植户主要调整化肥农药投入量，而不会修建灌溉设施，更不会采用新技术或者改善农田周边环境。Falco 等（2014）还指出，埃塞俄比亚农户通常不会选择集水灌溉这一农业技术，也不会选择农牧转换。

2. 气温、降水量变化对农户适应性行为的影响

感知是行为的基础。农户对气温变化的感知至关重要，因为只有感知到气候变暖等现象，农户对气候变化的适应性行为才能存在，即农户感知是其采取适应措施的前提（Vedwan 2006；Deressa et al.，2009b；Dang et al.，2014；Zhai et al.，2018；Foguesatto et al.，2018）。实证研究结果显示，农户对气候变化的感知对其适应性行为具有显著的正向影响。例如，Suantapura 等（2016）回归分析

结果显示，农户对气候变化的感知及其信息获取能力对农户适应性行为具有显著的正向影响。Zhai 等（2018）还分析了气候变化是否影响农民生计这一指标对其适应性行为的影响，多元选择模型结果显示，农户对气候变化及其影响的感知越强，气候变化适应性行为就越突出。

本质上，农户对气候变化的感知反映的是气温、降水量的长期变化，但其通常只能反映气温等在近 20 年、10 年或者 5 年的变化情况，无法衡量更长时间内的气候变化，但是，气候变化尤其是气温升高往往发生在较长时间段内。相比之下，气象数据站能够提供很长时间内的气温、降水量等指标的变化。已有国外文献大部分采用较长时间的气象数据，分析气温、降水量变化对农户适应性行为的影响。Falco 等（2014）、Falco 和 Bulte（2013）把 30 年的平均温度及降水量作为气候变量引入模型，Falco 等（2014）实证结果显示，降水量的系数显著为负，而其二次方的系数显著为正，即农户的适应性行为与降水量之间存在"U"形关系。Falco 和 Bulte（2013）发现，平均温度和降水量变化对调整农作物类型、保持水土及与水资源相关策略的单独采用和联合采用的影响不同。关于长期气候变化如何驱动农户采取适应性措施，Falco（2017）指出 30 年的平均降雨量与农户风险规避之间呈负相关关系。

已有国内文献往往不采用长时间的气候指标，而是利用横截面数据，分析当年气温、降水量与当年农户适应性行为之间的关系。虽然地区之间气候差异能够被看作是气候变化，具有可行性，但其终究不能完全反映气候因素在时间上的变化，并且与气候变暖的概念可能有所不同，进而难以测度气温、降水量变化趋势对农户适应性行为的影响。为此，已有研究用当年气候指标与之前 5 年气候指标平均值的离差来衡量气候变化，如 Wang 等（2014）、冯晓龙（2017）。长期气候因素、当年气候因素可能都会给当前农户适应性行为带来影响，但依据气候变暖的现实意义，长期气候因素这一指标可能较为合适。

农户对气候变化的感知具有主观性，而气象数据能客观地反映气候变化趋势。通常情况下，农户对气温、降水量的主观感知与客观气象数据一致。但是，由于土地质量不同，农户种植结构不同，同一地区农户对气候变化的感知可能并不相同，甚至会出现明显的差异。

关于客观气候变化与农户主观感知之间的关系。已有文献认为农户对气候变化的感知与实际气候变化的趋势较为一致（Hageback et al.，2005；Yu et al.，

2014；Baul and McDonald，2016；Ayanlade et al.，2016；Elum et al.，2017；Huong et al.，2017；Zoundji et al.，2017）。例如，Hageback 等（2005）和Zoundji 等（2017）均发现农户对气温变化的感知与实际气象数据一致。Yu 等（2014）、Ayanlade 等（2016）和 Huong 等（2017）指出，农户对降水变化的感知与客观降水数据趋同。Elum 等（2017）基于南非农户调查发现，农户对气温及降水变化的感知与客观气象数据相一致。

已有研究结果还表明，客观的气候变化与农户的主观感知并不完全相同，这种不一致主要体现在降水的长期变化趋势上。例如，Foguesatto 等（2017）通过对比气象站报告数据与农户感知数据发现，被调研地区农户普遍认为降水量有所减少，而气象站数据并没有发现这一结论，主要是因为农户对降水量变化的感知受经济因素、心理因素的影响。事实上，诸多因素都会影响农户对气候变化的感知（Conacher，1995；Okonya et al.，2013；Deressa et al.，2011）。例如，Conacher（1995）和 Deressa 等（2011）发现，农户受教育水平低、对气候条件不重视、老龄化、参与非农活动是造成澳大利亚农户对气候变化无感知的重要原因。Mertz 等（2009）、Weber（2010）、Piya 等（2012）曾强调农户对气候变化感知不同，原因可能在于许多异质性的因素，包括教育水平、性别、年龄、文化、当地资源禀赋和当地相关组织的服务态度等。

3. 农户对极端天气事件的长期适应性行为

极端天气事件导致农作物减产，进而降低农业收入。2007 年我国因旱灾造成的直接损失高达 785 亿元，占当年农业生产总值的 2.7%；由洪涝气象灾害造成的直接损失高达 826 亿元，占到当年农业生产总值的 2.9%[①]。许多学者对极端天气事件进行了量化，并实证分析了极端天气事件对农业生产的影响。例如，Adams 等（2003）为了更好地刻画天气的异常分布，将平均日最低气温引入模型；Lobell（2006）认为除了日最低气温以外，日最高气温对农业的影响也很重要；Mccarl 等（2008）指出干旱是极端天气事件的重要内容，通过降水量及气温指标核算干旱指数，并将其纳入模型；尹朝静等（2017）通过日值气温数据构造了高温热害指数；杨宇等（2016b）采用了气象灾害是否发生的二元分类变量。上述文献的实证结果表明，极端天气事件对农业生产具有显著的负向影响。

---

① 数据来源于国家统计局（2008）。

面对极端天气事件带来的负面影响，农户是否做出有效的适应性反应就成为缓解负面影响的关键。学术界为探究农户对极端天气事件的适应性行为付出了诸多努力。总的来看，应对极端天气事件，农户采取的适应性措施包括调整农作物类型、更换种子品种或采用抗旱种子、调整播种或收获的时间、改变农业生产投入、增加灌溉强度、工程类的措施、补种补苗、采用新技术等（林而达等，2006；Chen et al.，2014；Huang et al.，2015；Wang et al.，2015；Huang et al.，2018）。

上述措施被采用的比例存在明显差异。林而达等（2008）表明，应对干旱，中国农民倾向于选择适应能力更强、产量高和经济回报高的农作物，如玉米、薯类和向日葵。Chen 等（2014）指出2006～2010年经历过干旱的农户中，14%农户没有采用适应性措施，单独采用工程类（维修水渠、打井、投资灌溉设施、购买水泵、修建蓄水池）和非工程类措施（改变农作物类型、使用抗旱品种、增加灌溉强度、改变农业生产投入、调整播种或收获的时间）农户占比分别为0、76%，同时采用两类措施的农户占比为10%。Huang 等（2014）发现，如果农户上一年经历过极端天气事件，那么农户当年多样化种植的可能性更大。

4. 农户对极端天气事件的短期适应性行为

前文曾提到，已有研究认为农户对短期天气波动的适应性行动有限，这里的短期天气波动指的是气温、降水量的年际变化，而非极端天气事件。事实上，农户对极端天气事件的短期适应性行为是存在的。农户对极端天气事件的短期适应性行为与农户对年际气温、降水量变化的适应性行为的内在机理不同。相对于气候的渐变过程，极端天气事件对农业生产的负面影响更为明显，农户需要有所作为。另外，农户对极端天气事件的短期适应性行为与农户对气候变化的长期适应性行为的内在机理也是不同的。短期内，极端天气事件难以预测，农户可能没有充分时间来采取措施，所以农户对极端天气事件的短期适应性措施数量较少。

依据现实情况，我们可能很难识别农户对极端天气事件的短期适应性措施，因为农户适应性行为与其日常生产行为的关联性很强（Lobell，2014；Huang et al.，2015）。或者说，两者可能仅在发生频率上存在差异。准自然实验设计是解决这一问题的方法。该方法通过对比正常年份、灾害年份下农户采取相应措施的比例，便可获得农户应对极端天气事件的真实数据（Wang et al.，2015；Huang et al.，2015；Wang et al.，2017）。例如，Huang 等（2015）采用了准自然实验，发现正常年采用补苗洗苗、调整作物品种和调整化肥投入的农户占比分别为26%、4%，农户占比均低于极端天气年时的农户占比值，这表明补苗、洗苗等措施是农户应对极端天气事件的短期适应性措施。Wang 等（2015）与上述思路一致，研究显示，正常年农户不会调整农时、改变生产投入、调整灌溉投入，但干旱年农户采用相应三种措施的占比分别为24%、1.7%、19.8%，这表明调整农时、改变生产投入、调整灌溉投入是农户的短期适应性措施。

准自然实验还很好地回答了农户适应性行为与其日常生产行为之间的关系。正如杨宇等（2016a）所说，无论正常年还是灾害年，华北平原的农户都会采用农田管理措施，但灾害年农户采用农田管理措施的地块面积有所增加。综合已有文献，农户对极端天气事件的短期适应性措施包括补苗洗苗、调整作物品种、调整化肥投入、调整农时、调整灌溉投入、采用抗旱种子、提高灌溉强调、补种（Huang et al.，2014；Wang et al.，2015；杨宇等，2016；Wang et al.，2017）。

5. 极端天气事件对农户适应性行为的影响

极端天气事件的衡量指标主要是农户感知、农业受灾面积或受灾情况。已有文献多采用农户对气候风险感知的变量。例如，Tang 等（2018）认为，只有那些感知到气候风险的农户才有可能做出适应性决策，进而采取相应的适应性措施。Gbetibouo（2009）、Hou 等（2015）都指出，只有当农户意识到气候风险，他们才会有做出采用适应性措施决策的原始动力。Arbuckle 等（2015）进一步指出，气候风险感知对农户的适应性行为具有正向影响。这里的气候风险感知通常是农户对极端天气事件是否发生的感知变量，未涉及极端天气事件发生频率等信息。在全球气候变暖背景下，极端天气事件发生频率及其影响的研究也很重要。

另外，已有研究在准自然实验设计的基础上，开展极端天气事件对农户适应性行为的实证研究。其中，极端天气事件衡量指标是极端天气事件是否发生的0、1变量，如果当年粮食减产程度超过30%则为1，否则为0。农户适应性行为的衡量指标由最初较为笼统的农户是否采取适应性措施，逐渐细化到农户是否增加灌溉次数、是否增加灌溉量、是否采用抗旱种子等。实证过程中，已有文献的计量分析方法是内生转换模型，其能够联合分析极端天气事件对农户适应性行为，农户适应性行为对农业产出的影响。该模型最大的优点在于能够解决样本的自选择问题，较准确地评估出农户适应性行为对农业产出的影响。已有文献的实证结果是极端天气事件对农户采用农田管理措施、增加灌溉量、采用抗旱种子、补种补苗等具有显著的正向影响（Huang et al.，2014；Wang et al.，2015；Wang et al.，2017）。

已有文献也已经开始使用面板数据展开分析，但文献数量不多。面板数据的固定效应模型能在一定程度上消除潜在遗漏变量问题。高雪等（2017）基于湖北水稻种植户面板数据，利用固定效应模型的实证结果显示，雨涝灾害的发生将导致水稻种植户劳动力投入的增加、中间投入的减少。Sesmero等（2018）预期如果农作物生长初期遭遇极端天气，农户可能不投入无机肥并重新分配劳动力资源，面板数据模型的估计结果也显示，气温过低导致农户的无机肥投入水平明显下降。

基于上述实证结果，笔者发现，已有基于中国农户数据的研究认为极端天气事件下，农户通常具有积极的应对措施（Huang et al.，2014；Wang et al.，2015），而基于埃塞俄比亚的研究则指出，农户减少化肥投入量以应对不利天气条件（Sesmero et al.，2018）。两者的结论是不同的，这可能与不同地区的极端天气事件发生程度不同相关，这一问题还有待进一步研究。

（三）农户对气候变化的适应性行为及其影响因素

人们对某项技术的决策是技术自身特征、外界环境条件及采用群体特征等各种因素共同作用的结果（Rogers，1995）。农户对气候变化的适应性行为也应受到外部环境因素、内部约束条件的综合影响。

第一，农户是否经历了气候变化带来的不利影响。例如，Tesfahunegn等（2016）基于埃塞俄比亚农户调查数据，发现降雨和气温的变化是农民最常关注的气候变化指标，但是，农户是否获得这样的感知取决于他们的农作物产量是否受到气候因素（尤其是干旱、洪涝）的影响。Frondel等（2017）发现，不良事件和个人受损经历是农户个人风险感知的驱动因素。

第二，与信息支持、技术或物质支持相关的指标。外部信息的获取是牧民采取适应气候变化措施的重要前提，技术信息与价格信息越容易获取，越有利于提高牧民的适应能力（谭淑豪，2016）。张露（2017）基于湖北省百组千户的调研指出，农户对气候灾害响应型生产性公共服务存在需求。提前获得气候变化的预警也是农户气候变化及风险感知的重要因素（Tesfahunegn et al.，2016），Arbuckle等（2013）指出农户对农业组织信息的信任程度对其是否感知气候变化以及气候风险具有正向影响。政府也发挥着重要作用，政府提供灾前信息和灾害支持对农户采取应对措施具有显著的正向影响（Huang et al.，2015；Wang et al.，2017）。

第三，农户个体或者家庭特征。农户年龄越大，农业生产经验和感知气候变化的经验越丰富（Nhe Ma Chena，2007；朱红根等，2016），而且农户经验在适应性行为中起着十分重要的作用（Mad Dison，2006；Ishaya，2008）。Tes-fahunegn 等（2016）表明农户采用水土保持措施的经验是影响其气候变化及风险感知的重要因素。不过，Brondizio 等（2008）指出，一旦控制住社会、文化因素后，农户个人认知水平，个人经验的解释力降低。此外，家庭收入对农户的适应性行为具有重要影响（Falco 等，2012；侯玲玲等，2016；杨宇等，2018）。例如，侯玲玲等（2016）的研究指出，当农户对干旱发生情况的认知相同时，家庭收入水平高的农户会采用工程类的措施，而家庭收入水平低的农户会采用农田管理措施。从机理上讲，家庭收入水平提高可能会增加农业资本投入。财产和家庭收入增长时，农户的风险规避态度会弱化，而且能够很好地承受由风险带来的损失（弗兰克·艾利思，1992）。

第四，土地特征。Zeynep 等（2004）指出农场规模对有效防治风蚀具有重要影响，小农场的"不作为"会降低大农场的防治意愿。唐利群（2018）指出农场种植规模越大，越有利于水稻种植户采用机耕、机播、机收等现代机械化生产技术，进而提高水稻生产的规模效益。

第五，社会关系网络。在良好的社会网络中，农民的风险感知更为充分（Scherer and Cho，2003）。良好的社会关系网络有利于减缓农民面临的信息与资金约束，降低不确定性，Wossen 等（2015）通过分析不同维度的社会资本与创新技术采用之间的关系发现，社会资本在加强农户采用改良农田管理措施上发挥着重要的积极作用。

（四）农户的适应性行为及其对农业生产的影响效应

在农户的适应性行为及其影响因素研究的基础上，已有文献进一步开展了农户适应性行为的有效性分析。学者们定性地分析了适应性措施对土壤质量和农业产出的影响（Seo and Mendelsohn，2008；Kurukulasuriya et al.，2011）。例如，对干燥土壤进行投资、种植树木可以保证土地的可利用性和土壤湿度（Kurukulasuriya et al.，2011）；转换农作物类型可以保证农户在同样劣质土壤条件下获得更高产出或收入（Seo and Mendelsohn，2010）。

已有研究还实证检验了农户适应性行为对农业生产的影响，主要包括农户适应性行为对农作物产量、生产风险、农民福利（净收入、净利润）的影响等。第一，农户适应性行为对农作物产量的影响（Falco et al.，2010；Huang et al.，2015；唐利群等，2017；冯晓龙等，2017；杨宇等，2018）。Falco 等（2010）考察了埃塞俄比亚农户多样化种植对农作物产量的影响。Falco 和 Yesuf（2011）还考察了农户多样化的气候变化适应性行为对农作物产量的影响，发现农户多样化的气候变化适应性行为变量前的参数显著为正。中国学者也十分关注农户适应性行为对农作物产量的影响，但其关注点主要集中在极端天气事件下的农户的短期适应性行为，而非农户在气候渐变过程中采用的适应性措施。例如，唐利群等（2017）探讨了极端天气事件背景下农户保护性耕作采用行为对水稻单产的影响，发现如果水稻种植户采用保护性耕作措施，水稻单产则有所提高。

第二，农户适应性行为对产出方差、生产风险的影响。矩估计是测度农户产出方差的重要方法，Falco 和 Veronesi（2014）开创性地考察了农户对气候变化的适应性行为对降低农作物产出方差的影响，模型估计结果显示，农户的适应性行为能有效地降低农业产出方差。随后，已有研究利用中国农户数据展开相应研究，Huang 等（2015）表明农户农田管理措施的采用有利于降低农业的产出风险。冯晓龙等（2017）关注的农户适应性措施更为具体，指出农户采用覆盖措施、灌溉措施能降低农业产出方差。此外，矩估计也是测度农户下行风险的重要方法，不同于产出方差用单产分布的方差来衡量，下行风险用单产分布的偏态值来衡量（Kim and Chavas，2003；Falco and Chavas，2009）。Huang 等（2015）把单产分布的偏态值作为因变量，指出水稻种植户农田管理措施的采用有利于降低农业的下行风险。这一结论普遍得到已有研究的认可。农田管理措施的采用、增加灌溉显著降低了由极端天气事件造成的生产风险（杨宇，2016b；Wang et al.，2017）。

第三，农户适应性行为对农民福利（净收入、净利润）的影响。Falco 和 Veronesi（2012）考察了农户气候变化适应性行为对农民净收益的影响，气候变化适应性措施对农民净收益具有显著的正向影响。Gebrehiwot 和 Veen（2013）指出，农户单独采用调整农作物类型、水土保持战略、水资源相关策略与联合采用这些措施对农作物净收益的正向影响程度不同。基于中国的研究也关注了农户工程类的措施采用行为对农户福利的影响，得到的结论有所不同。例如，Song 等 （2018） 研究发现，虽然中国农户采用工程类的措施有助于增加农作物产量，但其并没有给农户的净收入带来显著影响。

四、文献述评

气候变化与农业生产密切相关，已有文献重点分析了气候变化对农业的影响，并越来越强调农户对气候变化的适应性行为在其中发挥着重要作用。目前，关于农户的适应性行为的文献逐渐增多，这为本书的选题提供了参考，但已有文献仍存在可改进的空间，具体如下：

第一，农户对气候变化的适应性行为的研究内容仍有待丰富和推进。目前，关于农户适应性行为研究的基础理论仍然较为缺乏。鉴于此，已有文献采用实证分析和经验观察的方法，讨论农户的气候变化适应性行为。早期以实证研究为主的文献通常只是对农户的适应性行为进行假定，假定农户能针对长期气候变化采取措施，无法对短期天气波动采取行动。然而，这一假定可能与现实不相符合，即使符合，假定下的农户适应性行为也是很笼统的，而且无法具体地体现出适应性措施的类型以及农户采取了哪些具体的措施。经验观察分析能够较好地解决这一问题。农户应对气候变暖、降水量变化的适应性措施包括改变农业生产时间、多样化种植、采用特性种子等。然而，这些适应性措施可能与农户的日常生产活动在一定程度上相交叠，如农户也会在日常生产活动中采用抗旱种子，补种补苗，但少有文献将二者完全区别开来，而且少有文献研究在适应性措施的可选集合中，哪些是最具有代表性的气候变化适应性措施。

第二，气候要素指标的衡量有待深入。已有研究利用农户横截面数据，分析气温、降水量变化对农户的适应性行为的影响，虽然地区间气候差异能被看作是气候变化，但其可能不能完全反映气候因素在时间上的变化。在气温持续升高的背景下，地区间气候差异也难以准确反映较长时间的气温、降水量变化对农户行为的影响。已有文献使用 20 年、30 年等的温度、降水量的平均值来刻画长期气候因素，但是，平均指标无法反映气候的异常变动。鉴于此，已有研究利用0、1分类变量刻画极端天气事件的发生，但这一指标无法反映极端天气事件的发生频率或发生程度。在全球气候变暖背景下，极端天气事件频发或程度及其影响的研究也较为重要。

第三，研究方法有待多样化或者改进。首先，极端天气事件的发生具有偶然性，短期内，农户没有充分的准备时间，由此，短时间内农户对极端天气事件的适应性措施数量少，它包括补苗、洗苗、调整化肥投入、调整农时、调整灌溉投入等，不涉及工程类的措施。在此基础上，已有文献讨论了极端天气事件对提高灌溉强度、采用抗旱种子、调整农时、补苗洗苗的影响。但是，这些文献多基于农户截面或短期面板数据，较少采用长期农户面板数据分析农户的短期适应性行为。面板数据模型具有一定优势，它能够解决截面数据模型可能存在的遗漏变量问题。因此，利用农户面板数据模型分析其短期适应性行为具有可行性。其次，在农户适应性行为对农业影响的分析中，农户的适应性行为是内生变量，内生变量将导致估计结果的不一致。内生转换模型能较为有效地解决因非观测因素产生的内生性问题。但是，该模型无法直接评估农户适应性行为对因变量的边际影响。

第三章　粮食主产区气候变化趋势

粮食生产与气候因素紧密相连，气候变化的发生是研究粮食种植户是否采取气候变化适应性措施的前提条件。而粮食种植户能否对气候变化做出适应性反应是应对气候变化及其潜在或实际影响的关键。因而，在进行粮食种植户适应性行为研究之前，有必要厘清我国粮食主产区是否经历了气温及降水量的变化、干旱等气象灾害。基于此，本章基于中国气象科学数据共享网提供的气温、降水量数据，利用线性倾向估计方法，对主要粮食主产区的气温、降水量变化趋势进行分析，与此同时，对粮食主产区的受灾情况展开具体讨论。

一、研究方法及数据说明

（一）线性倾向估计

本章采用线性倾向估计方法对中国粮食主产区的气温、降水量变化趋势进行分析，该方法是分析气候变化趋势的一种常用研究方法，其通常假定某一气候因素的样本量是 n，x_i 对应时间 t_i，由此建立的 x_i 和 t_i 之间的一元线性回归函数形式如下：

$$x_i = a + bt_i \quad i = 1, 2, 3, \cdots, n \tag{3-1}$$

气候变化趋势的判断取决于式（3-1）的回归系数 b 的正负，如果 b 大于 0，气温等气候因素随时间的推移呈上升趋势；反之，如果 b 小于 0，气温等气候因素随时间的推移呈下降趋势。一般情况下，气候因素的上升或者下降速率，即气候倾向率，由回归系数 b 乘以十倍后的结果来表示。在这里，常数项 a 与回归系数 b 由最小二乘法估计方法估计可得。

（二）数据说明

本章使用的气候因素数据来自中国气象科学数据共享网，该网站提供了1986～2014年中国756个气象观测站点的逐月气候数据集。数据集中包含多种气象要素，如月平均温度、月降水量、月日照时数等。各气象观测站的月平均温度、月平均降水量的单位分别是℃/月、mm/月。在这一数据集里，并不是所有气象观测站的数据年限一致，为保证数据的准确性和时间的一致性，我们去除了年份丢失和数据量不大的气象观测站，并对数据中的异常值进行了处理。此外，各省农作物总受灾面积数据、旱灾、水灾、冻灾以及风雹灾受灾面积数据；总成灾面积、旱灾、水灾、冻灾以及风雹灾成灾面积数据来自国家统计局（1996～2016年）。

本章在分析粮食主产区气候变化趋势时，气候因素的衡量指标是年平均气温和年累积降水量，对应的标准计量单位分别为℃/年、mm/年，即气候因素的衡量指标以年为单位。其中，单个气象站点的年平均温度由对应气象观测站的月平均温度平均而得、单个气象站点的年累积降水量由对应气象观测站的月平均降水量求和而得。

二、粮食主产区气候变化趋势

（一）水稻主产区气候变化趋势

本章选择的水稻主产省有江苏、安徽、浙江、江西、湖北、湖南、四川、云南、贵州、辽宁、吉林、黑龙江。气候因素由这些省的所有气象站点的气候因素平均而得。1986～2014年中国水稻主产区的年均气温位于12.57～14.85℃，平均值是13.43℃，波动幅度为0.51℃。此处以水稻主产区的年平均气温 *Temperature* 为因变量，年份 T 为自变量的线性回归方程如下：

$$Temperature = 0.039T - 65.972 \qquad\qquad (3-2)$$

$$(4.61) \qquad (-3.33)$$

$$R^2 = 0.44 \quad F = 21.24$$

式（3-2）中的 F 表明回归方程整体显著，R^2 结果说明年份变动对平均气温的变化的解释度高达44%。年份的系数在1%水平上通过了统计上的显著性检验，说明年均气温呈上升趋势，上升速率为 0.39℃/10a。此外，1986~2014 年水稻主产区的年累积降水量位于906.28~1238.01mm，平均值为1075.31mm，波动幅度为82.44mm。进一步以水稻主产区年累积降水总量 Rainfall 为因变量，年份 T 为自变量的线性方程的 F 值、年份系数 t 的检验值均未通过统计上的显著性检验，这表明 1986~2014 年年累积降水总量的变化趋势并不明显（见图3-1）。

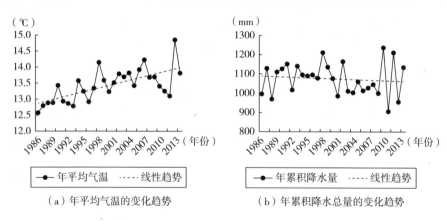

（a）年平均气温的变化趋势　　（b）年累积降水总量的变化趋势

图3-1　水稻主产区气温及降水量变化趋势

（二）小麦主产区气候变化趋势

小麦主产区气候变量由安徽、河北、河南、山东、山西、陕西、湖北、江苏及四川的所有气象站点的气候因素平均而得。1986~2014 年小麦主产区年均气温位于12.38~14.03℃，平均值为13.21℃，波动幅度为0.49℃。此处将小麦主产区年平均气温 Temperature 作为因变量，年份 T 作为自变量进行线性回归可得到以下方程：

$$Temperature = 0.037T - 61.699 \qquad\qquad (3-3)$$

$$(4.40) \qquad (-3.62)$$

$R^2 = 0.41$　$F = 19.36$

式（3-3）中的 F 结果说明回归方程整体显著，R^2 结果说明年份变动对平均气温的变化的解释程度高达41%。年份的系数在1%水平上通过了统计上的显著性检验，说明年均气温呈明显的上升趋势，上升速率为 0.37℃/10a。此外，1986～2014年小麦主产区年累积降水总量位于 656.78～976.63mm，平均值为 809.81mm，波动幅度为77.14mm。以小麦主产区年累积降水总量为因变量，年份为自变量的线性方程的 F 值、年份系数的 t 检验值均没有通过统计上的显著性检验，这表明1986～2014年年累积降水总量的变化趋势并不明显（见图3-2）。

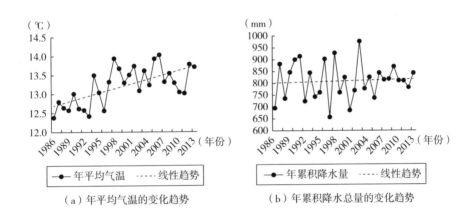

（a）年平均气温的变化趋势　　　　（b）年累积降水总量的变化趋势

图3-2　小麦主产区气温及降水量变化趋势

（三）玉米主产区气候变化趋势

玉米主产区气候变量由安徽、河北、湖北、湖南、江苏、江西、辽宁、山东、四川、黑龙江、吉林、内蒙古的所有气象站点的气候因素平均而得。1986～2014年玉米主产区年均气温在10.78～12.57℃，平均值为11.62℃，波动幅度为0.44℃。此处将玉米主产区年平均气温 Temperature 作为因变量，年份 T 作为自变量进行线性回归可得到以下方程：

$$Temperature = 0.027T - 43.754 \tag{3-4}$$

　　　　　　　　（3.25）　　　（-2.57）

$R^2 = 0.28$　$F = 10.55$

式（3-4）中的 F 结果说明回归方程整体显著，R^2 结果说明年份变动对平均气温的变化的解释程度高达28%。年份的系数在1%水平上通过了统计上的显著性检验，说明年均气温呈明显的上升趋势，上升速率为 0.03℃/10a。此外，1986～2014 年玉米主产区的年累积降水总量位于 771.22～1042.08mm，平均值为 891.45mm，波动幅度为 71.19mm。将玉米主产区年累积降水总量 Rainfall 作为因变量，年份 T 为自变量进行线性回归，线性方程 F 值、年份系数的 t 检验值均没有通过统计上的显著性检验，这表明 1986～2015 年年累积降水总量的变化趋势并不明显（见图3-3）。

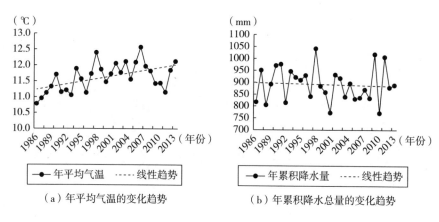

（a）年平均气温的变化趋势　　　　（b）年累积降水总量的变化趋势

图3-3　玉米主产区气温和降水量变化趋势

（四）粮食主产区气候变化趋势

此处的粮食主产区综合考虑了水稻、小麦和玉米，即粮食主产区的气候因素由江苏、安徽、浙江、江西、湖北、湖南、四川、云南、贵州、河北、河南、山东、辽宁、吉林、黑龙江、内蒙古、山西、陕西这18个省份的所有气象站点的年平均气温、年累积降水总量平均而得。结果显示，1986～2014 年粮食主产区的年均气温在 11.66～13.62℃，平均值为 12.53℃，波动幅度为 0.49℃。此处将粮食主产区年平均气温 Temperature 作为因变量，年份 T 作为自变量进行线性回归可得到以下方程：

$$Temperature = 0.037T - 62.641 \qquad\qquad (3-5)$$
$$\qquad\quad (4.47) \qquad (-3.73)$$

$$R^2 = 0.40 \quad F = 20.02$$

式（3-5）中的 F 结果说明回归方程整体显著，R^2 结果说明年份变动对平均气温变化的解释程度高达40%。年份的系数在1%水平上通过了统计上的显著性检验，说明粮食主产区的年均气温呈明显的上升趋势，上升速率为 $0.37℃/10a$。此外，1986～2014年粮食主产区的年累积降水量位于 806.239～1023.362mm，平均值为900.241mm，波动幅度为60.575mm。进一步将粮食主产区年累积降水总量 Rainfall 作为因变量，年份 T 作为自变量进行线性回归，线性方程的 F 值、年份系数的 t 检验值均没有通过统计上的显著性检验，表明1986～2014年粮食主产区年累积降水总量没有明显的变化趋势（见图3-4）。

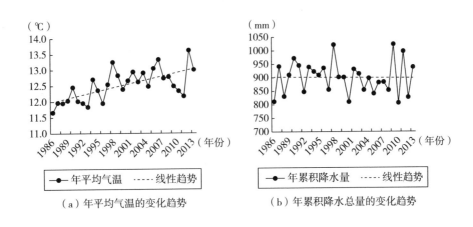

（a）年平均气温的变化趋势　　　　　　（b）年累积降水总量的变化趋势

图3-4　中国粮食主产区气温和降水量变化趋势

（五）粮食主产区的农业气象灾害

气候变化的主要特征是由温室效应增加导致的全球气候变暖。气候变化不仅是气温的上升，还包括由气候变异带来的极端天气发生频率或发生强度的增加（焦建玲等，2015）。气候变化或者气候变化率会产生极端天气事件，进而诱发气象灾害，气象灾害将对社会经济系统带来影响，农业也不例外。由此，有必要对农业气象灾害的发生情况展开具体分析。根据上述研究区域的划分，农业气象灾害分析也分为四部分，即水稻主产区、小麦主产区、玉米主产区以及粮食主产区的农业气象灾害。

本章首先对 1996～2015 年水稻、小麦及玉米主产区的农业气象灾害数据进行整理，数据结果分别见表 3-1、表 3-2、表 3-3。由表 3-1 可知，水稻主产区 1996～2015 年的年均农作物总受灾面积是 1759.31 千公顷，年均农作物总成灾面积是 916.12 千公顷，农业总成灾面积占农业总受灾面积的百分比是 52%，表明一旦地区遭遇气象灾害，损失发生概率是 50%，即每年约一半受灾面积至少减产三成。此外，旱灾、水灾、冷冻灾及风雹的成灾率[①]分别是 53%、55%、46%、52%，表明任何一种气象灾害都容易造成严重损失。分指标来看，1996～2015 年的年均农作物旱灾、水灾、冷冻灾及风雹受灾面积分别是 872.03 千公顷、551.48 千公顷、218.47 千公顷、137.62 千公顷，分别占总受灾面积的 49%、31%、12%、7%；1996～2015 年的年均农作物旱灾、水灾、冷冻灾及风雹成灾面积分别是 463.67 千公顷、303.87 千公顷、100.89 千公顷、71.5 千公顷，分别占总成灾面积的 50%、33%、11%、7%，这表明干旱和洪涝是威胁水稻主产区的主要气象灾害。

表 3-1　1996～2015 年水稻主产区农作物受灾情况　　　　单位：千公顷

指标说明	1996～2005 年	2006～2015 年	1996～2015 年
总受灾面积	2010.04	1508.57	1759.31
旱灾受灾面积	957.48	786.58	872.03
水灾受灾面积	645.63	457.32	551.48
冻灾受灾面积	235.98	200.95	218.47
风雹灾受灾面积	108.16	167.08	137.62
总成灾面积	1092.26	739.97	916.12
旱灾成灾面积	523.66	403.67	463.67
水灾成灾面积	389.20	218.54	303.87
冻灾成灾面积	104.41	97.37	100.89
风雹灾成灾面积	94.88	48.12	71.50

资料来源：1997～2016 年《中国统计年鉴》。

由表 3-2 可知，小麦主产区 1996～2015 年的年均农作物总受灾面积是

---

① 成灾率 = 成灾面积/受灾面积，例如，干旱成灾率 = 干旱受灾面积/干旱成灾面积。

2057.23 千公顷，年均农作物总成灾面积是 1037.26 千公顷，农业总成灾面积占农业总受灾面积的百分比是 50%，即每年约一半受灾面积至少减产三成。分指标来看，1996～2015 年的年均农作物旱灾、水灾、冷冻灾及风雹受灾面积分别是 1054.37 千公顷、584.78 千公顷、221.16 千公顷、212.83 千公顷，分别占总受灾面积的 51%、28%、10%、10%；1996～2015 年的年均农作物旱灾、水灾、冷冻灾及风雹成灾面积分别是 543.87 千公顷、307.23 千公顷、91.11 千公顷、95.36 千公顷，分别占总成灾面积的 52%、30%、8%、8%，表明干旱是威胁小麦主产区的主要气象灾害。

表 3 - 2　1996～2015 年小麦主产区农作物受灾情况　　单位：千公顷

指标说明	1996～2005 年	2006～2015 年	1996～2015 年
总受灾面积	2598.54	1515.91	2057.23
旱灾受灾面积	1389.20	719.54	1054.37
水灾受灾面积	679.42	490.14	584.78
冻灾受灾面积	245.55	196.78	221.16
风雹灾受灾面积	167.42	258.24	212.83
总成灾面积	1394.66	679.85	1037.26
旱灾成灾面积	759.96	327.79	543.87
水灾成灾面积	397.05	217.4	307.23
冻灾成灾面积	95.11	87.11	91.11
风雹灾成灾面积	117.36	73.35	95.36

由表 3 - 3 可知，玉米主产区 1996～2015 年的年均农作物总受灾面积是 2106.50 千公顷，年均农作物总成灾面积是 1122.40 千公顷，农业总成灾面积占农业总受灾面积的百分比是 50%。分指标来看，1996～2015 年的年均农作物旱灾、水灾、冷冻灾及风雹受灾面积分别是 1146.47 千公顷、595.9 千公顷、222.89 千公顷、196.32 千公顷，分别占总受灾面积的 54%、28%、10%、9%；1996～2015 年的年均农作物旱灾、水灾、冷冻灾及风雹成灾面积分别是 617.65 千公顷、331.53 千公顷、107.4 千公顷、104.78 千公顷，分别占总成灾面积的 55%、29%、9%、9%，表明干旱是威胁玉米主产区的主要气象灾害。

从气象灾害的变化趋势来看，表 3 - 1、表 3 - 2、表 3 - 3 数据结果显示，

1996～2005 年与 2006～2015 年的各项指标相比，除冻灾成灾面积、风雹灾受灾面积外，其余各项指标均有所下降。水稻主产区 2006～2015 年平均风雹灾受灾面积是 108.16 千公顷，较 1996～2005 年增加 58.92 千公顷，相当于增加了 54%。2006～2015 年小麦主产区平均风雹灾受灾面积较 1996～2005 年增加了 54%。玉米主产区 2006～2015 年平均风雹灾受灾面积是 164.93 千公顷，较 1996～2005 年增加 62.78 千公顷，相当于增加了 38%。玉米主产区 2006～2015 年平均冻灾成灾面积是 104.19 千公顷，相当于增加了 6%。由此，与冻灾成灾面积变化趋势相比，风雹灾受灾面积的增长更为明显，需要被重视。

表 3 - 3 1996～2015 年玉米主产区农作物受灾情况　　单位：千公顷

指标说明	1996～2005 年	2006～2015 年	1996～2015 年
总受灾面积	2484.99	1728.01	2106.50
旱灾受灾面积	1329.61	963.33	1146.47
水灾受灾面积	691.09	500.70	595.90
冻灾受灾面积	240.44	205.34	222.89
风雹灾受灾面积	164.93	227.71	196.32
总成灾面积	1383.99	860.81	1122.40
旱灾成灾面积	749.01	486.29	617.65
水灾成灾面积	417.39	245.67	331.53
冻灾成灾面积	104.19	110.61	107.40
风雹灾成灾面积	127.82	81.75	104.78

接下来，本章对 1996～2015 年中国粮食主产区的农业受灾及成灾数据进行统计，具体结果见表 3 - 4。由表 3 - 4 可知，中国粮食主产区 1996～2015 年的年均农作物总受灾面积是 1901.64 千公顷，年均农作物总成灾面积是 1004.43 千公顷，农业总成灾面积占农业总受灾面积的百分比平均是 51.93%，表明每年约 1/2 的受灾面积减产三成或三成以上，农业生产的确受到气象灾害的不利影响。

分指标来看，1996～2015 年的年均农作物旱灾、水灾、冷冻灾及风雹灾受灾面积分别是 1048.85 千公顷、590.43 千公顷、203.34 千公顷、179.23 千公顷，各自占总受灾面积的 55.15%、31.05%、10.69% 及 9.43%。1996～2015 年的年均农作物旱灾、水灾、冷冻灾及风雹灾成灾面积分别是 566.29 千公顷、280.81

千公顷、96.13 千公顷及 95.36 千公顷，分别占总成灾面积的 56.38%、27.95%、9.57% 及 9.49%。旱灾和水灾受灾面积总和占总受灾面积的 86.2%，旱灾和水灾成灾面积总和占总成灾面积的 84.33%。农作物水旱灾受灾、成灾面积占比均明显高于其他类型的气象灾害，表明干旱与水涝灾害是中国粮食主产区遭受的最主要气象灾害。事实上，水灾、旱灾不仅是威胁中国粮食主产区，也是威胁中国农业的最主要气象灾害。这一结论也得到小麦、玉米及水稻主产区研究结论的支持。

从表 3-4 的相关数据可知，2006~2015 年平均冻灾成灾面积、风雹灾受灾面积分别是 96.68 千公顷、210.34 千公顷，较 1996~2005 年对应指标分别增加了 5.1 千公顷、62.22 千公顷，相当于分别增加了 5%、30%。此外，其余各项指标均有所下降。综合而言，近 10 年中国粮食主产区农作物受灾情况整体上有所减弱。这一趋势与全国气象灾害变化趋势相似，2000 年后全国整体上干旱受灾、成灾率呈下降趋势。但是，这不代表在全球气候变暖以及极端天气事件频发的背景下，中国是个例外。事实上，气象灾害变化趋势与选取的时间节点、省份地区相关。例如，过去 50 多年里北方农业区干旱面积在四个季节都呈现上升趋势，其中以春、冬两季的干旱面积增长最快，而西北东部的干旱面积发展趋势不明显（Wang and Zhai，2003；Zhai et al.，2005；任国玉，2007）。而且高强度气象灾害的发生具有不确定性。例如，中国经历了 2009 年西南大旱、2010 年全国 20 多个省市的雨涝灾害、2010 年北方 8 省的干旱灾害、2009~2011 年的气象灾害。这些气象灾害来势凶猛，给包括农业在内的整个经济社会带来了严重的不利影响。

表 3-4 1996~2015 年中国粮食主产区农作物受灾情况 单位：千公顷

指标说明	1996~2005 年	2006~2015 年	1996~2015 年
总受灾面积	2234.43	1568.84	1901.64
旱灾受灾面积	1236.23	861.46	1048.85
水灾受灾面积	577.17	424.76	590.43
冻灾受灾面积	210.98	195.70	203.34
风雹灾受灾面积	148.12	210.34	179.23
总成灾面积	1231.97	776.88	1004.43

续表

指标说明	1996~2005 年	2006~2015 年	1996~2015 年
旱灾成灾面积	689.75	442.83	566.29
水灾成灾面积	345.05	200.49	280.81
冻灾成灾面积	93.58	98.68	96.13
风雹灾成灾面积	117.36	73.35	95.36

第四章 粮食种植户对气候变化的适应性行为特征

第三章从宏观上分析了我国粮食主产区的气候变化趋势，粮食主产区的平均气温呈现明显的上升趋势，年累积降水总量无明显变化趋势，农业受到旱涝等极端天气事件的严重影响。在此背景下，粮食种植户是否能感知到气温、降水量的变化？粮食种植户对气温及降水量变化的感知是否与实际情况相一致？粮食种植户能否感知到极端天气事件的发生情况？能否采取应对气候变化的适应性措施？基于此，本章基于不确定性条件下的农户决策行为理论，对粮食种植户适应性行为的理论机制进行讨论，为后续实证分析提供理论基础。与此同时，笔者设计问卷，开展粮食种植户对气候变化的感知及适应性行为的实地调查并获得数据。基于调查数据，本章对粮食种植户的气候变化感知及适应性行为进行分析。

一、粮食种植户对气候变化的适应性决策行为理论

（一）不确定性条件下的农户决策行为理论

新古典经济学的重要前提是"理性人"假设。美国经济学家 Schultz 是理性小农学派的代表人物，他指出在传统农业中，农业生产要素配置很少出现明显的没有效率的现象，农业停滞不前是因为传统要素投入的边际收益递减（Schultz，1964）。恰亚·诺夫（A. V. Chayanov）是"劳动消费均衡"理论的代表人物，他强调农户从事农业生产并不是追求市场利润最大化，而是为了满足家庭需求，

追求家庭效用最大化。在确定性条件下，理性人的目标函数可表示为生产者追求利润最大化、消费者追求效用最大化。农户可以是农业生产者，也可以是消费者，或者兼具双重身份。如果单就农户的农业生产者身份，农户在自身或外部条件约束下，决策行为以实现利润最大化为目标；如果就农户的双重属性，其决策行为将以实现效用最大化为目标。

在不确定性条件下，主体决策行为以实现期望利润最大化、期望效用最大化为目标。相较于工业，农业因受到天气的直接影响，面临的不确定性更大，这些不确定包括气候条件不确定性、市场风险等。农户决策行为也因各种不确定性的发生而有所不同，以天气的不确定性为例，我们可以参考弗兰克·艾利思（2006）对风险与农业生产关系的新古典经济分析逻辑。

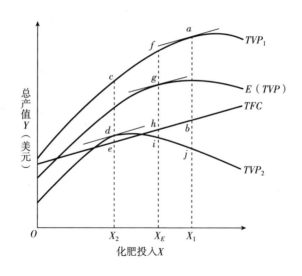

图 4-1　不确定性条件下农户的决策行为

图 4-1 中有三条生产函数曲线，假设只有一种可变生产要素投入氮肥，氮肥投入表现在横轴，纵轴是用价值单位衡量的总产值。三条曲线中，TVP_1 曲线表示在好天气下增加氮肥投入能够获得的总产值，TVP_2 曲线表示在糟糕天气下增加氮肥投入能够获得的总产值，$E(TVP)$ 曲线表示农户预期总产值（农户对好、糟糕天气发生可能性做出主观判断后而得），公式表达为 $E(TVP) = p_1 TVP_1 + p_2 TVP_2$，$p_1$、$p_2$ 是农户对好天气和糟糕天气的主观概率。TFC 曲线是总成本曲

线，x_1、x_E、x_2 代表三个不同生产点，是农户依照自己主观风险判断做出的理性资源配置。在点 x_1，如果好天气发生，农户将获得利润 ab；如果糟糕天气发生，农户将损失 bj，选择 x_1 的农户是爱好风险者。在点 x_2，如果好天气发生，农户将获得利润 ce；如果糟糕天气发生，农户将获得利润 de，选择 x_2 的农户是风险规避者。在点 x_E，如果好天气发生，农户将获得利润 fh；如果糟糕天气发生，农户将损失 hi，选择 x_E 的农户是风险中立者，他们的选择综合考虑了好天气和糟糕天气下的平均结果。在综合考虑好天气与糟糕天气在很长时间的可能性后，农户选择的利润最大化点应该满足氮肥的预期边际产品价值等于氮肥的价格，即 $E(MVP) = MFC$。在点 x_2，糟糕天气下农户能达到利润最大化，此外，预期边际收益高于边际成本，利润没有实现最大化。

（二）粮食种植户对气候变化的适应性决策行为理论

基于不确定性条件下农户的决策行为理论，本章对粮食种植户的适应性决策行为的内在机理进行讨论。粮食种植户以预期利润和期望效用最大化为目标，在气候变化不确定性以及内部约束条件下，自发选择应对气候变化的措施。气候变化背景下，粮食种植户是否采取相应措施以及采取哪些措施，关键在于粮食种植户预期采取的措施是否能够使其获得预期净收益。

参考 Just 和 Pope（1979）分析框架，假设粮食种植户的生产函数表达式是：

$$y = f(x) + g(x)\varepsilon \tag{4-1}$$

其中，y 是粮食种植户的粮食总产出；x 是生产要素投入；$f(x)$ 是一般情况下的粮食产出水平；$g(x)$ 是粮食产出方差水平，即风险水平；ε 是气候变化冲击，服从正态分布。由式（4-1）可知，粮食产出服从均值是 $f(x)$，方差是 $g^2(x)$ 的分布。

参考 Atanu 等（1994）、冯晓龙（2017）分析框架，面对天气的不确定性，粮食种植户的目标是实现预期利润或期望效用最大化，表达式如下：

$$\text{Max} H = \underset{i^*}{E}[U(\widetilde{R})] = \underset{i^*}{E}[U(p(f(x_n, x_a) + g(x_n, x_a)\varepsilon) - cx_n - c_a x_a)] \tag{4-2}$$

其中，H 是净收益；$\underset{i^*}{E}$ 是粮食种植户在信息量 i^* 下的条件期望净收益；U 是收益函数，$\widetilde{R}$ 是影响净收益的因素；p 是农产品价格。粮食种植户一般情况下投

入要素 x_n，为适应气候变化而投入 x_a，c 是对应 x_n 的要素成本，x_a 对应的要素成本是 c_a。$f(x_n, x_a)$ 是纳入粮食种植户对气候变化适应性行为的粮食产出函数，$g(x_n, x_a)$ 是纳入粮食种植户对气候变化适应性行为的粮食产出方差函数。

假设 x_n 和 x_a 具有可分性，考虑粮食种植户对气候变化的适应性行为，粮食种植户的生产函数表示为：

$$f(x_n, x_a) = f(x_n) + f(x_a)v_1 \qquad (4-3)$$

$$g(x_n, x_a) = g(x_n) + g(x_a)v_2 \qquad (4-4)$$

式（4-3）的 $f(x_n)$ 是粮食种植户未适应气候变化的平均产出，$f(x_a)$ 是粮食种植户采取应对气候变化措施对粮食平均产出影响的函数形式，v_1 是随机变量，表示粮食种植户信息获取程度不同导致的平均产出的不确定性。式（4-4）的 $g(x_n)$ 是粮食种植户未适应气候变化的平均产出方差，$g(x_a)$ 是粮食种植户采取应对气候变化措施对平均产出方差影响的函数形式，v_2 也是随机变量，表示粮食种植户信息获取程度不同导致的平均产出方差的不确定性。

将式（4-3）、式（4-4）代入式（4-2）中得到：

$$\text{Max}H = E_{i^*}[U(\widetilde{R})] = E_{i^*}[U(p(f(x_n) + f(x_a)v_1 + (g(x_n) + g(x_a)v_2)\varepsilon) - cx_n -$$

$$c_a x_a)] \qquad (4-5)$$

对 x_a 一阶求导可得：

$$E_{i^*}[U'(\cdot)(p(f_{x_a}v_1 + g_{x_a}v_2\varepsilon) - c_a)] = 0 \qquad (4-6)$$

对风险规避型粮食种植户而言，当采取适应性措施的预期净收益大于 0 时，粮食种植户才会采取适应性措施，即：

$$A^* = p(f_{x_a}v_1 + g_{x_a}v_2\varepsilon) - c_a > 0 \qquad (4-7)$$

由式（4-7）可知，粮食种植户对气候变化的适应性决策受到其采用措施后粮食产出函数 f_{x_a}、气候变化冲击 ε 等影响。粮食种植户采取措施之前，f_{x_a} 通常是未知的，受粮食种植户个人能力、气候变化等因素影响。因此，粮食种植户对气候变化的适应性决策受到气候变化、个人及家庭因素等的共同作用。

二、调查区域与问卷设计

（一）调查区域的选取

综合考虑人力和财力条件，本次调研选取河北、河南、山东、湖北、湖南、吉林及四川作为样本省份。样本区域选取的原因是：第一，中国小麦以冬小麦为主，冬小麦主产区常年播种面积占全国小麦总播种面积的80%左右，其中包括河北、河南、山东和湖北等；水稻主产区常年播种面积约占全国总播种面积的90%以上，包括吉林、湖南、湖北、四川等；北方玉米区和黄淮海玉米区是玉米主要产区，包括河北、河南和山东。第二，样本省份位于气候敏感区，容易遭受极端天气事件。河北、河南及山东属于华北地区，该区旱涝灾害频繁发生，且旱灾最为突出。位于中国中部地区的湖北、湖南是遭受气象灾害较为严重的省份。其中，湖南高温灾害发生频率居于我国前位。湖北易遭受洪涝灾害，而且降水时空分布不均，湖北北部地区素有"旱包子"之称，如2010～2011年湖北出现了少见的冬春连旱，灾情严重。四川也经常遭受暴雨洪涝、干旱等气象灾害，如2015年四川部分地区发生洪涝，造成公路等基础设施受损。此外，近年来干旱也给位于中国东北部的吉林的农业生产带来严重影响，如2014年吉林大旱导致粮食绝收，农民损失严重。

（二）问卷设计

在进行问卷设计、预调研及问卷修改后，最后定稿的问卷包括以下四个部分：一是被调查粮食种植户及家庭的基本情况，具体包括户主的年龄、性别、受教育程度、健康程度；家庭劳动力数量、家庭收入情况、是否参加农业合作社等。二是粮食种植户的农业生产经营情况，具体指标包括粮食作物的品种、生产投入成本、机械化程度、粮食产量等。三是粮食种植户对气候变化的感知及适应性行为，其内容主要包括粮食种植户对近年来气温等变化的感知、对极端天气事件发生频率的感知、是否采取适应性措施。四是调查村的基本情况，调查内容主要包括村里的灌溉设施、村级信息获取情况、村级基础设施条件等。调查问卷详见本书的附表8。

粮食种植户对气候变化适应性行为是此次调查问卷的关键内容。参考已有文献，笔者总结了粮食种植户对气候变化的适应性行为（见附表1），在此基础上，结合样本区域的具体情况，最后确定了11种粮食种植户对气候变化的适应性行为。这些适应性行为包括调整播种及收获的时间、调整农作物品种、更换种子品种、增加灌溉、排涝、补苗补种、退出农业、修建基础设施、购买水泵、选择新技术（如保护性耕作技术）、购买农业保险。

三、样本区域的气候变化特征

笔者于2015～2016年展开实地调查。实地调查采用多阶段抽样的方法：在7个省根据农业生产水平抽样选取1～3个样本县（区），运用同样的方法选择1～3个样本镇、1～4个样本村。在确定了样本村以后，在每个样本村中随机抽取10～30户农户。样本地区的具体分布为：湖南包括醴陵市（司徒村、坝上村）、沅江市（安东村）、南县（陶家村）；吉林包括船营区（新风村、干沟村、五里桥村、通气沟村）、梨树县（老山头村、小桥子村）；四川包括船山区（桥墩村）；河北包括广平（马虎庄、新镇、靳庄）；河南包括登封（后河、庄头、闫坡、高爻）、淇滨区（三里屯村、老鸦章村）、柘城县（天门赵）；山东包括莱州（上马家村、西朱旺村、高山村）、临淄（侯家村、安合村、西门村）、郯城县（后段宅村、翁屯、马屯村）、烟台（庄头村）；湖北包括秭归县（峡口、尚水坪、马回营）。

此次调查共收集901份问卷，去除填写不完整的或者存在前后矛盾的问卷，最后共获得897份有效问卷。其中，水稻种植户的问卷是338份，小麦种植户的问卷是237份，玉米种植户的问卷是322份。

依据样本村与气象站点之间地理距离最小的原则，本章对样本村与气象站点进行匹配，利用线性趋势分析方法，分析样本村1986～2014年的年平均气温、年累积降水总量的变化趋势。总的来看，1986～2014年所有样本村的平均气温处于 13.87 ~ 15.83℃，平均值为 14.72℃，波动幅度为 0.53℃。本章以所有样本村的平均气温为因变量，年份 T 为自变量的线性回归方程见式（4 - 8），该回归方程的整体显著性较好。年份变动对年平均气温变化的解释程度高达 23%。年份系数显著为正，表明年均气温呈明显的上升趋势，上升速率为 0.30℃/10a。

$$Temperature = 0.033T - 52.96 \qquad\qquad (4 - 8)$$

$$(3.01) \qquad (-2.36)$$

$$R^2 = 0.25 \quad F = 9.04$$

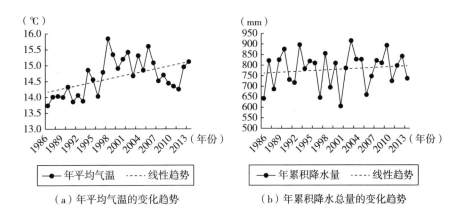

（a）年平均气温的变化趋势　　（b）年累积降水总量的变化趋势

图 4 - 2　总样本村气温和降水总量的变化趋势

具体来看，水稻种植户所在样本村的年平均气温位于 13.11 ~ 14.89℃，平均值为 13.95℃，波动幅度为 0.46℃。本章将水稻样本村年平均气温 Temperature 作为因变量，年份 T 作为自变量进行线性回归可得到以下方程（4 - 9）。年份系数的 t 检验值为 1.90，在 10% 水平上显著，表明年均气温呈明显的上升趋势，而且上升速率为 0.18℃/10a。

$$Temperature = 0.018T - 23.403 \qquad\qquad (4 - 9)$$

$$(1.90) \qquad (-1.19)$$

$$R^2 = 0.08 \quad F = 3.61$$

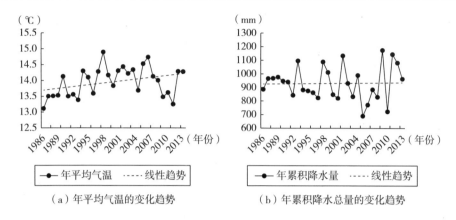

（a）年平均气温的变化趋势　　　（b）年累积降水总量的变化趋势

图 4 - 3　水稻种植户所在样本村气温和降水总量的变化趋势

　　小麦种植户所在样本村的年平均气温位于 13.63 ~ 16.09℃，平均值为 14.67℃，波动幅度为 0.71℃。本章以小麦样本村的年平均气温为因变量，年份 T 为自变量的线性回归结果见式（4 - 10）。年份变动对平均气温变化的解释较高，而且年份的系数在 1% 水平上显著，表明样本村年均气温呈明显的上升趋势，上升速率为 0.43℃/10a。

$$Temperature = 0.043T - 72.89 \qquad\qquad (4-10)$$

$$(3.20) \qquad (-2.66)$$

$$R^2 = 0.24 \quad F = 10.24$$

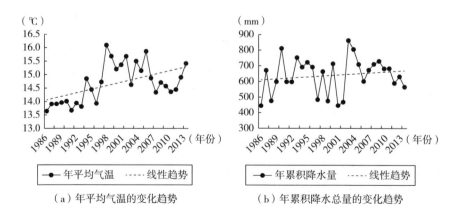

（a）年平均气温的变化趋势　　　（b）年累积降水总量的变化趋势

图 4 - 4　小麦种植户所在样本村气温和降水总量的变化趋势

玉米种植户所在样本村年平均气温位于 14.39 ~ 16.53℃，平均值为 15.30℃，波动幅度为 0.62℃。本章以玉米样本村的年平均气温为因变量，年份 T 为自变量的线性回归方程见式（4 - 11）。线性方程（4 - 11）的 F 值为 10.36，表明该回归方程的整体显著性较好，年份变动对平均气温的变化的解释程度高达 25%。年份系数的 t 检验值为 3.22，在 10% 水平上显著，表明玉米样本村的年均气温呈明显的上升趋势，上升速率为 0.38℃/10a。此外，总体和具体样本村的年累积降水总量均无明显变化趋势（见图 4 - 2 至图 4 - 5），故本章未列出回归方程。

$$Temperature = 0.038T - 62.58 \qquad\qquad (4 - 11)$$
$$(3.22) \qquad (-2.59)$$

$$R^2 = 0.25 \quad F = 10.36$$

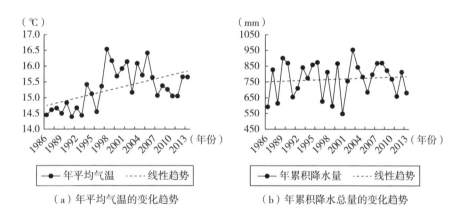

（a）年平均气温的变化趋势　　　（b）年累积降水总量的变化趋势

图 4 - 5　玉米种植户所在样本村气温和降水总量的变化趋势

四、粮食种植户对气候变化的适应性行为特征

（一）粮食种植户个体及家庭等特征

本章依据调查数据，对粮食种植户个体、家庭等变量进行描述性统计分析，具体结果见表 4 - 1。87% 的粮食种植决策者是男性，平均年龄是 52.34 岁，年龄

最高的被访农户74岁，粮食种植户老龄化现象较为明显。农户的平均受教育年限是8年，相当于初中水平，仅0.56%的农户没有接受过任何教育，15.4%农户接受过初中以上教育。与正规教育相比，农户接受农业技术培训明显不足，平均次数仅为0.12次。农户健康水平的平均值是4，绝大多数农户身体尚佳，能够完成农业生产活动。3%农户具有村干部工作经历。

家庭农业劳动力人数以2~3人为主，劳动力人数是2人的家庭占总样本的24.53%，这一占比大于家庭人数是3人的家庭占比（20.18%），表明农业生产主要以夫妻两人为主。人均粮食种植面积的平均值是4亩/人，土地细碎化程度的平均值是2.5亩/块，表明我国粮食种植规模化程度仍然较低。9%的家庭成员参加过农业合作组织，表明粮农参加合作组织的积极性较低。家庭拥有手机、农机、汽车及电脑数量的平均值依次是2部、0.05台、0.21辆及0.55台；家庭至少拥有一辆汽车、一台电脑的家庭占比依次是19.95%和39.13%。粮食种植户对农机的购买力不强，仅有4%的家庭拥有农机。农户家庭平均总收入是6万元，这可能与大部分农户是兼业户直接相关。农户家庭平均农业补贴收入是90元。最后，平均而言，被调查地区的耕地主要以平原为主，水资源条件一般。

表4-1 农户个体、家庭等特征的描述性统计

变量名称	变量定义/单位	最大值	最小值	均值	标准差
户主特征					
性别	1 = 男；0 = 女	1	0	0.87	0.33
年龄	年	74	25	52.34	8.69
受教育年限	年	20	0	7.95	2.64
健康水平	1 = 身体较差；2 = 欠佳；3 = 一般；4 = 尚佳；5 = 健康	5	1	4.09	0.78
接受农技培训次数	次	1	0	0.12	0.44
是否是村干部	1 = 是；0 = 否	1	0	0.03	0.18
家庭特征					
农业劳动力数量	人	7	1	2.86	1.52
人均粮食种植面积	亩/人	16	1	4.42	13.16
是否有人参加合作社	1 = 是；0 = 否	1	0	0.09	0.29
手机数量	部/户	5	1	2.83	1.03

续表

变量名称	变量定义/单位	最大值	最小值	均值	标准差
农机数量	台/户	1	0	0.05	0.39
汽车数量	辆/户	4	0	0.21	0.49
电脑数量	台/户	4	0	0.55	0.68
总收入水平	万元/户	30	1.23	6.00	15.76
农业补贴收入	元/户	209	0	90.51	21.10
土地及水资源特征					
土地细碎化程度	亩/块	13.50	0.15	2.53	1.84
地形条件	耕地中是否有山地/丘陵：0 = 否；1 = 是	1	0	0.20	0.40
水资源条件	0 = 丰富；1 = 一般；2 = 短缺；3 = 不了解	3	0	1.01	0.77

（二）粮食种植户对气候变化的感知

粮食种植户对气候变化的感知是否与客观数据情况相一致，为比较两者之间的关系，我们在调查过程中请粮食种植户回答"您觉得近 10 年来，气温有什么变化""您觉得近 10 年来，降水量有什么变化"，粮食种植户可选的回答有"1代表升高；2 代表下降；3 代表无明显变化；4 代表波动；5 代表不清楚"。本次调查还重点询问了"您认为近年来气象灾害发生的频率是怎样的"，粮食种植户可选的回答有"0 代表每年都有；1 代表 1 ~ 2 年发生一次；2 代表 4 ~ 6 年发生一次；3 代表 6 ~ 8 年发生一次；4 代表不定期发生"。粮食种植户回答的数字若集中于 3 或者 4，表明粮食种植户所在地区不易发生极端天气事件。此外，我们还询问了"今年是否发生了气象灾害"，答案包括"1 代表是；0 代表否"。粮食种植户对气候变化感知的具体情况如下：

1. 粮食种植户对气温变化的感知

调查数据显示，粮食种植户对这一问题的回答较为集中，粮食种植户对气温变化的感知较为明显。在 897 位被调查粮食种植户中，77.7% 的粮食种植户认为近年来气温明显升高，只有 0.45% 粮食种植户认为气温有所降低，表明绝大多数粮食种植户认为气候逐渐变暖，这一结论与客观气温数据的变化趋势一致。13.38% 粮食种植户认为气温无明显变化，6.91% 粮食种植户认为气温是波动变化的，1.56% 粮食种植户则回答不清楚，表明将近 22% 的粮食种植户不关心气候变暖或对气温升高没有认识（见图4-6）。

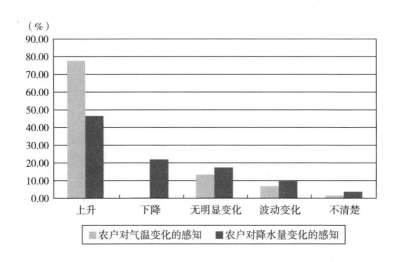

图4-6 粮食种植户对气候变化的感知

具体到不同类型的粮食种植户，92.31%水稻种植户认为近年来气温明显升高，67.93%小麦种植户、69.39%玉米种植户也认为气温明显升高。这表明水稻种植户对气候变暖的感知最敏感，小麦种植户与玉米种植户对气温变化的感知基本相同，粮食种植户感知情况恰好与客观气温变化趋势基本相同。不过，水稻种植户对气温升高的感知最为明显，但其所在地区的气温升高速率最慢。另外，7.69%水稻种植户、17.71%小麦种植户和15.52%玉米种植户对气温变化不敏感，具体而言，6.51%水稻种植户、7.59%小麦种植户和6.83%玉米种植户认为气温波动变化；0.59%水稻种植户、2.53%小麦种植户和1.86%玉米种植户表示对气温变化不清楚；0.59%水稻种植户、7.59%小麦种植户、6.83%玉米种植户认为气温无明显变化。

2. 粮食种植户对降水量变化的感知

粮食种植户对降水量变化的感知存在差异。17.39%粮食种植户认为降水量无明显变化，10.26%粮食种植户认为降水量存在波动变化，3.79%粮食种植户不清楚降水量的变化情况，这表明将近31.44%的粮食种植户对降水量变化的感知较弱。46.6%粮食种植户认为过去十年里降水量增多，21.96%粮食种植户认为降水量是明显下降的（见图4-6）。总的来说，将近一半的粮食种植户认为降水量增多，少于 1/3 的粮食种植户认可降水量减少，多于 1/3 的粮食种植户认为降水量变化不明显，这一结果与客观降水量变化趋势有所不同。

具体到不同类型的粮食种植户，39.35% 水稻种植户认为近年来降水量明显增多，32.07% 小麦种植户和 64.9% 玉米种植户也认为近年来降水量明显增多；23.96% 水稻种植户、31.65% 小麦种植户和 12.73% 玉米种植户认为降水量明显减少；11.83% 水稻种植户、25.32% 小麦种植户和 17.39% 玉米种植户认为降水量无明显变化，这说明水稻和小麦种植户对降水量变化的感知较为分散，玉米种植户则较为集中地认为近年来降水量有所增多。17.75% 水稻种植户、9.28% 小麦种植户和 3.11% 玉米种植户认为降水量波动变化，7.10% 水稻种植户、1.69% 小麦种植户和 1.86% 玉米种植户不清楚降水量变化情况。相当于 24.85% 水稻种植户、10.91% 小麦种植户和 4.97% 玉米种植户对降水量变化不敏感，表明水稻种植户对降水量变化不敏感的人数较多。

3. 粮食种植户对极端天气事件发生情况的感知

调查数据显示，27.65% 粮食种植户认为极端天气事件每年发生，24.75%、15.16% 和 1.11% 粮食种植户依次认为极端天气事件 2～4 年发生、4～6 年、6～8 年发生一次，剩余 31.33% 粮食种植户认为极端天气事件是不定期发生的（见图 4 - 7）。极端天气事件的发生具有偶然性，粮食种植户对极端天气事件发生频率的感知较为分散。1/3 粮食种植户认为每年都会发生极端天气事件，这一比率并不低，这可能与粮食种植户所在地区的气候条件紧密相关，本章通过数据分析发现，将气候敏感区的河北、河南及山东地区结果相加，50.54% 粮食种植户认为极端天气事件每年发生。此外，种植不同类型作物的农户对极端天气是否每年发生的感知较为一致，25.10% 水稻种植户、29.12% 小麦种植户和 28.26% 玉米种植户认为极端天气事件每年发生。

关于粮食种植户对 2015 年气象灾害发生情况的认识。总体上，75.47% 粮食种植户认为 2015 年没有发生干旱等气象灾害，其余 24.53% 认为 2015 年发生了气象灾害。其中，81.66% 水稻种植户、75.53% 小麦种植户和 68.94% 玉米种植户认为当年没有出现气象灾害，表明不同类型农户对 2015 年是否发生气象灾害的感知较为一致。

为更好地理解粮食种植户对气候变化的感知情况，本次调研还调查了粮食种植户获取气象信息的渠道、粮食种植户对气象灾害是否造成严重影响的认知、对

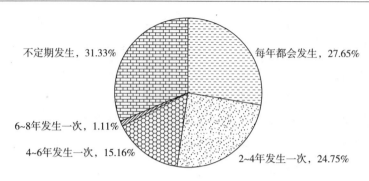

图4-7　粮食种植户对极端天气事件发生频率的感知

干旱概念的认知情况。调查数据显示，75.59%粮食种植户通过电视上的天气预报节目获取气象信息，61.65%通过广播获取气象信息，其余24.86%、6.47%、5.02%、2.01%依次从邻里乡亲、手机短信、专业技术人员和政府部门获取相关气象信息（见图4-8）。总的来说，电视节目和广播仍是粮食种植户获取气象信息最主要的渠道，政府部门和人员在其中发挥的作用十分有限，粮食种植户通过手机获取气象信息的潜力较大。此外，粮食种植户不仅通过一种方式获取气象信息，而是多渠道地收集气象信息。

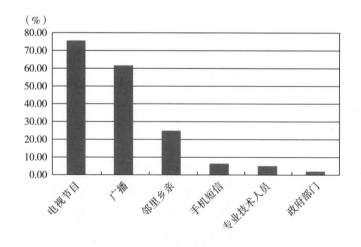

图4-8　粮食种植户获取气象信息的渠道

　　粮食种植户对气象灾害是否造成严重影响的认知较为集中，绝大多数能够认识到气象灾害给农作物产量带来了不同程度的负面影响。其中，68.53%粮食种植户认为气象灾害造成农作物大幅度减产，23.63%认为气象灾害造成的减产作用不显著，1.12%认为气象灾害不会造成农作物减产，6.72%回答不清楚（见图4-9）。干旱是极端天气事件的主要内容之一，干旱虽有准确的定义，但粮食种植户对其的理解可能是不同的。本次调研以干旱为例，收集有关粮食种植户对干旱认知的信息，调查数据显示，23.16%粮食种植户认为连续十天以上不下雨即为干旱，58.98%认为干旱是农作物生长期间降水量过少，17.85%认为河水或地下水不足是干旱。

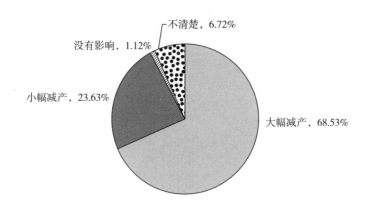

图4-9 粮食种植户对气象灾害是否造成严重影响的认知

（三）粮食种植户对气候变化的适应性行为

一般而言，为了应对气候变化对粮食生产的不利影响，粮食种植户通常会采取适应性措施。本书进一步调查了粮食种植户对气候变化的适应性行为。相应的问题设计是"应对气候变化或其影响，您是否采取了以下适应性措施"，这些措施包括调整播种及收获的时间、调整农作物品种、更换种子品种、增加灌溉、排涝、补苗补种、退出农业、修建基础设施、购买水泵、选择新技术（如保护性耕作技术）、购买农业保险。回答选项包括是或者否。如果粮食种植户回答"是"，则继续询问"您采取了上述哪些适应性措施"。

调查数据显示，79.6%粮食种植户会采取适应性措施。在上述11项适应性措施中，粮食种植户倾向于首先选择"补种补苗"，采取这一措施的粮食种植户占比是 41.58%。其次，从高至低依次是"更换种子品种""调整农时""调整灌溉""更换作物品种"，占比依次是 35.34%、34.26%、33.44% 和 29.1%（见图 4-10）。然而，关于"修建基础设施（如蓄水池等）""选择新技术（保护性耕作）""购买水泵""购买农业保险""退出农业""排涝"的被选比例明显较低。其中，选择"修建基础设施（如蓄水池等）"和"选择新技术（保护性耕作）"的粮食种植户占比都是 9.81%。其中的原因可能是修建基础设施的投资费用高，超出了粮食种植户的能力范围，而且它的沉没成本较高；新的农业技术具有一定风险和不确定性，粮食种植户需要一定的时间来了解和适应新技术。选择"购买水泵"和"购买农业保险"占比相等，均是 8.03%。粮食种植户较少产生购买农业保险的行为，这可能与我国农业保险发展仍比较粗放，保障水平也较低有关。选择"退出农业"和"排涝"的占比分别是 7.13% 和 5.80%（见图 4-10）。

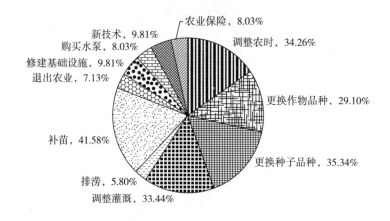

图 4-10　粮食种植户对气候变化的适应性行为选择

此外，调查数据还显示，粮食种植户会选择一种甚至多种适应性措施。其中，他们倾向于选择多种适应性措施，选择 1~4 种适应性措施的粮食种植户所占比重依次是 25.08%、16.83%、12.15% 和 12.82%。在此之后，占比明显降低。采用 5~9 种适应性措施的粮食种植户占总样本的比例依次是 5.8%、2.79%、1.56%、0.89% 和 1.34%。

综上可知，粮食种植户所在区域的年平均气温呈现明显上升趋势，而且粮食种植户对气温变化具有明显的感知，77.7%认为近年来气温明显升高，这与客观气温数据的变化趋势一致。粮食种植户所在区域的年平均累积降水总量没有明显变动趋势。粮食种植户对降水量变化的感知、干旱概念的理解存在差异。大多数粮食种植户会采用适应性措施，补苗、更换种子品种、调整农时、调整灌溉、更换作物品种是他们较为青睐的行为选择，而且粮食种植户倾向于选择多种适应性措施。

第五章 气温、降水量变化对粮食种植户适应性行为的影响

理论上，粮食种植户的适应性行为受到气候变化、个人及家庭因素等的共同作用。为回答粮食种植户的适应性行为如何随着气温变化和降水量变化而变化，以及如何受到家庭内部因素的影响。本章实证检验气温、降水量变化对粮食种植户的某一类适应性行为（农田管理型措施、更换种子品种、工程类措施）的影响，以及粮食种植户家庭劳动力、资金禀赋在其适应性行为中发挥的作用。具体而言，本章首先基于粮食种植户适应性行为选择的数理模型，对粮食种植户的适应性行为进行分类；其次，基于粮食种植户横截面调查数据、1986～2014 年气象站的气温、降水量数据，采用二元离散 Probit 选择模型，重点分析气温、降水量变化、家庭劳动力禀赋及资本禀赋对粮食种植户适应性行为的影响；最后，进行稳健性分析，在可持续生计框架下，利用熵权法测算粮食种植户的五种资本水平及总的适应能力，利用二元离散 Probit 选择模型，实证分析气温、降水量变化、粮食种植户五个资本水平（适应能力）对其适应性行为的影响。

一、家庭禀赋对粮食种植户适应性行为影响的理论分析

（一）数理推导

本章参考 Just 和 ZilberMan（2006）及 Mohamed 等（2013）的技术选择理论

模型、郑旭媛等（2018）的技术选择改进模型，充分考虑中国农村要素市场发育不成熟的现实，对粮食种植户对气候变化的适应性行为进行建模分析。

假设粮食种植户处于一个交易成本较高的不完全要素（如土地、资金及劳动力等）市场中，其根据家庭初始禀赋决定气候变化适应性行为。假设粮食种植户在应对气候变化的过程中，只是部分地采用适应性措施。假设他们有可支配的土地 S，其中，土地 S_0 上未采用适应性措施，土地 S_1 上采用适应性措施，此时有 $S = S_0 + S_1$。它们有可支配的总劳动力 L，未采用适应性措施的每单位土地使用劳动力 l_0，采用适应性措施的每单位土地使用劳动力 l_1，$l_0 S_0 + l_1 S_1 \leqslant L$。它们有可支配的总劳动力 K，未采用、采用适应性措施的每单位土地使用资本分别是 k_0 和 k_1，$k_0 S_0 + k_1 S_1 \leqslant K$。

假设未采用与采用气候变化适应性措施的单位面积利润分别为式（5 - 1）和式（5 - 2）：

$$\pi_0 = \pi_0 + \varepsilon_0 \tag{5-1}$$

$$\pi_1 = \pi_1 + \varepsilon_1 \tag{5-2}$$

在式（5 - 1）和式（5 - 2）中，π_0 和 π_1 依次是未采用与采用气候变化适应性措施的单位面积利润，ε_0 和 ε_1 分别为未采用、采用气候变化适应性措施下单位面积利润的随机干扰。π_0、π_1 的均值分别为 π_0、π_1；方差分别为 σ_0^2、σ_1^2。

假设粮食种植户综合考虑利润和风险，以追求效用最大化为目标函数，则有：

$$\max EU = E(\pi_0 S_0 + \pi_1 S_1) - \frac{1}{2}\varphi V(\pi_0 S_0 + \pi_1 S_1) \tag{5-3}$$

$$s.t.\ l_0 S_0 + l_1 S_1 \leqslant L \tag{5-4}$$

$$k_0 S_0 + k_1 S_1 \leqslant K \tag{5-5}$$

式（5 - 3）中，φ 表示个体的绝对风险厌恶指数，对式（5 - 3）的方差进行展开，在式（5 - 4）、式（5 - 5）的约束条件下，使用拉格朗日法求极值可得：

$$\max EU = \pi_0 S_0 + \pi_1 S_1 - \frac{1}{2}\varphi V[(S - S_1)^2 \sigma_0^2 + S_1^2 \sigma_1^2 + 2(S - S_1)S_1 \rho \sigma_0 \sigma_1] + \lambda_1$$
$$(L - l_0 S_0 + l_1 S_1) + \lambda_2 (K - k_0 S_0 + k_1 S_1) \tag{5-6}$$

EU 对 S_1 求一阶偏导数并令其等于0，则有：

$$S_1 = \frac{\frac{1}{\varphi}(\pi_1 - \pi_0) + S\sigma_0(\sigma_0 - \rho\sigma_1) - \lambda_1(l_1 - l_0) - \lambda_2(k_1 - k_0)}{\sigma_0{}^2 + \sigma_1{}^2 - 2\rho\sigma_0\sigma_1} \qquad (5-7)$$

式（5-7）中，λ_1 及 λ_2 是粮食种植户面对的劳动力及资本的约束程度，λ_1 及 λ_2 的数值越大，粮食种植户面临的劳动力和资本的约束程度越高。采用与未采用气候变化适应性措施的利润的相关系数 $\rho < 0$，因为两者组合使用的目的是降低风险。由式（5-7）可以推断：粮食种植户对气候变化的适应性行为主要受两方面因素的影响：一是受气候变化适应性措施特征的影响，如适应性措施本身对劳动力与资本的需求，关系表达式如下：$\partial S_1/\partial l_1 < 0$，$\partial S_1/\partial k_1 < 0$；二是受农户土地、劳动力及资本禀赋约束的影响，这些禀赋与粮食种植户适应性行为的关系如下：$\partial S_1/\partial S > 0$，$\partial S_1/\partial \lambda_1 < 0$，$\partial S_1/\partial \lambda_2 < 0$。

（二）理论解释

考虑到粮食种植户适应性措施中的资金要素投入密集度，本章将适应性措施归为两类：工程类措施与非工程类措施。工程类措施包括投资建设灌溉设施、打井、建蓄水池、维护水渠以及购买水泵；非工程类措施包括农田管理措施（补种补苗、调整农作物播种与收获日期、调整灌溉强度、排涝）、改变种子品种。相较而言，工程类的措施对资金要素的需求较高；非工程类的措施对劳动力要素的需求较高。另外，在非工程类的措施中，具体措施的要素投入密集度也存在差异，更换种子品种对资金要素的需求较高；农田管理措施（补种补苗、调整农作物播种与收获日期、调整灌溉强度、排涝）所需的劳动力可能较高。

结合措施可能带来的产出作用，三类措施具有的特征如下：相较于不采取适应性措施，农田管理型措施的作用是稳产，其对资金投入需求不变，对劳动力投入需求增加；更换种子品种能够增产或者稳产，其对劳动力投入需求增加，对资金投入增加；工程类的措施能够长期增产，对劳动力、资金投入需求均增加（见表5-1）。

结合数理推导和理论解释，本章认为：受资金约束较小的粮食种植户有较强动机采取工程类措施或更换种子品种；受劳动力约束较小的粮食种植户青睐于采取农田管理型措施。

表 5 - 1 不同适应性措施的特征比较

	益处	劳动力投入	资金投入
农田管理类的措施	稳产	增加	不变
其他种子品种	增产或稳产	不变	增加
工程类的措施	长期增产	增加	增加

注：粮食种植户采取三类适应性措施与不采用间的相对比较，如采用与不采用农田管理措施的相对比较。

二、模型设定与变量说明

为检验气温、降水量变化以及粮食种植户劳动力、资本禀赋对粮食种植户的适应性行为的影响，本章建立以下计量模型：

$$Adaptation_{ni} = \alpha_n + \beta_{n1} C_i + \beta_{n2} x_i + \beta_{n3} m_i + \beta_{n4} Z_i + \varepsilon_{ni} \qquad (5-8)$$

式（5-8）中，被解释变量 $Adaptation_{ni}$ 是粮食种植户 i 对适应性措施 n 的采用情况（农田管理措施、更换种子品种、工程类的适应措施）；核心解释变量是 C_i、x_i 和 m_i。其中，C_i 表示粮食种植户所在村的气候因素，具体包括样本村 1986～2014 年的多年平均气温、1986～2014 年的多年平均累积降水总量以及二者的平方项[①]。x_i 表示家庭实际劳动力数量，反映的是家庭劳动力禀赋。m_i 表示家庭拥有的汽车、手机、农机具、电脑数量，反映家庭的资本禀赋。Z_i 是控制变量，包括其余个体和家庭特征、农产品价格、农作物类型、村级是否获得信息和技术服务。此外，ε_{ni} 是随机扰动项，β_{n1}、β_{n2}、β_{n3} 和 β_{n4} 是待估参数。需要说明的是，本章在分析气候变化对粮食种植户农田管理措施采用的影响时，C_i 还包括粮食种植户对 2015 年极端天气事件发生与否感知的 0、1 变量。这一做法的目的在于分析当年极端天气事件发生与否对粮食种植户适应性行为的影响。

当粮食种植户采用农田管理型措施（补种补苗、调整农作物播种与收获日

---

① 1980～2014 年的平均气温、平均累积降水总量单位是℃、mm。本章加入平方项的目的是考察气候变化对粮食种植户气候变化适应性行为的非线性影响，正因为如此，本章未使用粮食种植户对气温、降水量变化感知的数据。

期、调整灌溉强度、排涝）中的任何一种，$Adaptation_{1i}$ 为 1，否则为 0。当农户更换农作物种子品种，$Adaptation_{2i}$ 为 1，否则为 0。当农户采用工程类措施（投资建设灌溉设施、打井、建蓄水池、维护水渠以及购买水泵）中的任何一种，$Adaptation_{3i}$ 为 1，否则为 0。鉴于农田管理措施、更换种子品种和工程类的措施采用行为都是二元离散变量，本章选择二元离散 *Probit* 模型分析气温、降水量变化、家庭禀赋对其气候变化适应性行为的影响，模型可以表示为：

$$P(Adaptation_{ni} = 1) = \Phi(\alpha_n + \beta_{n1}C_i + \beta_{n2}x_i + \beta_{n3}m_i + \beta_{n4}Z_i + \varepsilon_{ni}) \tag{5-9}$$

三、变量均值的差异检验

调查数据显示，调整农作物播种或收割时间、调整灌溉强度、排涝以及补种补苗的粮食种植户占比依次是 34%、33%、5%、42%，综合起来，共有 72% 粮食种植户会采用农田管理型措施。35% 粮食种植户会更换种子品种，这一占比高于调整播种或收割时间、调整灌溉以及排涝的粮食种植户占比，但低于补种补苗。这些数据结果表明采用农田管理型措施、更换种子品种都是粮食种植户常有的适应性行为，而且粮食种植户更倾向于采用农田管理型措施。

基础设施投资等具有强烈的外部性和公共物品特征，我国农户之间的地块是狭小且相邻的，由此，农户个体投资建设并不是合理的选择（纪月清等，2017）。调研数据显示，15.5% 的粮食种植户会采用工程类的措施，这一占比明显较低，表明工程类的措施，如投资建设灌溉设施、打井、建蓄水池、维护水渠，并不是个体粮食种植户青睐的选择。

本章在开展实证结果分析之前，为形成初步的认识，首先对采用与未采用农田管理措施、更换种子品种、工程类措施的粮食种植户间的变量均值的差异进行检验，对应的检验结果分别见表 5-2、表 5-3、表 5-4。由其可知，大多数变量的均值差异通过了统计上的显著性检验。具体而言，在核心变量气候因素方面。采用三种适应性措施的粮食种植户所在村的气温及其平方项、降水总量及其平方项都明显低于未采用粮食种植户，表明气候因素能够解释粮食种植户气候变化适应性行为的产生。

表 5 - 2　采用农田管理型措施与未采用者的变量均值差异检验

变量名称	未采用农田管理措施	采用农田管理措施	差异
平均温度	15.123 (0.118)	14.486 (0.131)	0.636 **
平均温度的平方	232.247 (3.193)	221.053 (3.227)	11.193 **
降水总量	881.082 (14.841)	827.438 (10.163)	53.644 ***
降水总量平方	831157.1 (28044.4)	751370.1 (18234.5)	79787 **
当年是否是灾害年	0.17 (0.023)	0.27 (0.02)	- 0.10 ***
家庭人口数	2.38 (0.103)	3.049 (0.056)	- 0.669 ***
户主受教育年限	8.236 (0.144)	7.845 (0.108)	0.391 **
户主的健康水平	2.668 (0.040)	2.809 (0.016)	- 0.142 ***
户主接受农技培训的次数	0.032 (0.011)	0.165 (0.019)	- 0.134 ***
家庭人均拥有耕地面积	3.052 (0.161)	8.027 (1.191)	- 4.975 ***
家庭人均粮食种植面积	2.347 (0.133)	5.226 (0.625)	- 2.879 ***
土地细碎化程度	2.588 (0.116)	6.567 (1.210)	- 3.978 **
地形条件	0.128 (0.021)	0.230 (0.016)	- 0.102 ***
水资源条件	0.76 (0.051)	1.098 (0.028)	- 0.339 ***
家庭拥有手机数量	2.708 (0.069)	3.285 (0.138)	- 0.578 **
家庭拥有农机数量	0.024 (0.009)	0.054 (0.009)	- 0.030 *
家庭拥有汽车数量	0.164 (0.025)	0.233 (0.021)	- 0.069 *
家庭拥有电脑数量	0.376 (0.041)	0.619 (0.026)	- 0.244 ***
户主是否是村干部	0.048 (0.0135)	0.029 (0.006)	0.018
家庭是否有人参加合作社	0.04 (0.012)	0.119 (0.012)	- 0.079 ***
家庭总收入	7.056 (3462.606)	6.0480 (7198.271)	1.008
补贴收入	767.52 (128.283)	958.374 (84.149)	- 190.854
价格	0.955 (0.020)	1.436 (1.313)	- 0.481
信息服务	0.152 (0.023)	0.228 (0.016)	- 0.076 **
技术服务	0.26 (0.027)	0.296 (0.017)	- 0.037
农作物类型	1.16 (0.051)	0.913 (0.034)	0.246 ***

注：*、**、*** 分别表示在 10%、5%、1% 的水平上显著。括号内数字为系数的标准误。

表 5 - 3　更换其他种子品种农户与未更换者的变量均值差异检验

变量名称	未更换种子品种	更换种子品种	差异
平均温度	14.956 (0.110)	14.128 (0.199)	0.828 ***

续表

变量名称	未更换种子品种	更换种子品种	差异
平均温度的平方	230.740（2.787）	212.25（4.824）	18.582 ***
降水总量	884.8（10.602）	764.7（12.908）	120.024 ***
降水总量平方	847974.7（19521.05）	637540.7（22790.49）	210434 ***
家庭人口数	2.427（0.059）	3.659（0.077）	−1.231 ***
户主受教育年限	8.001（0.108）	7.867（0.151）	0.134
户主的健康水平	2.775（0.019）	2.760（0.030）	0.015
户主接受农技培训的次数	0.105（0.018）	0.170（0.024）	−0.065 **
家庭人均耕地面积	8.394（1.322）	3.431（0.265）	4.962 ***
家庭人均粮食种植面积	5.216（0.688）	2.974（0.244）	2.242 **
土地细碎化程度	5.758（1.208）	4.909（1.118）	0.849
地形条件	0.156（0.015）	0.283（0.025）	−0.127 **
水资源条件	0.903（0.032）	1.189（0.037）	−0.285 **
家庭拥有手机数量	3.129（0.153）	3.116（0.068）	0.012
家庭拥有农机数量	0.018（0.005）	0.094（0.018）	−0.075 **
家庭拥有汽车数量	0.172（0.016）	0.290（0.034）	−0.117 **
家庭拥有电脑数量	0.455（0.024）	0.728（0.044）	−0.273 **
户主是否是村干部	0.029（0.007）	0.044（0.011）	−0.014
家庭是否有人参加合作社	0.115（0.013）	0.063（0.013）	0.052 **
家庭总收入	6.922（7992.922）	5.243（3012.695）	1.678
补贴收入	720.293（86.336）	1243.464（19.535）	−523.17 ***
价格	1.564（1.465）	1.442（0.326）	0.122
信息服务	0.177（0.015）	0.261（0.024）	−0.084 **
技术服务	0.262（0.018）	0.331（0.026）	−0.069 **
农作物类型	1.075（0.035）	0.810（0.047）	0.265 ***

注：*、**、*** 分别表示在10%、5%、1%的水平上显著。括号内数字为系数的标准误。

表5−4　采用工程类的措施的农户与未采用者的变量均值差异检验

变量名称	未采用工程类措施	采用工程类措施	差异
平均温度	14.877（0.100）	13.501（0.332）	1.375 ***
平均温度的平方	229.048（2.527）	197.588（8.003）	31.460 ***
降水总量	862.169（9.272）	734.524（17.902）	127.645 ***

续表

变量名称	未采用工程类措施	采用工程类措施	差异
降水总量平方	808422（17003.63）	583754.1（29986.7）	224667.9 ***
家庭人口数	2.783（0.056）	3.294（0.109）	−0.511 ***
户主受教育年限	8.036（0.096）	7.503（0.209）	0.533 **
户主的健康水平	2.781（0.018）	2.712（0.046）	0.068
户主接受农技培训的次数	0.130（0.016）	0.115（0.027）	0.015
家庭人均耕地面积	6.981（1.017）	4.784（0.490）	2.196
家庭人均粮食种植面积	6.981（1.017）	4.784（0.490）	2.196
土地细碎化程度	4.977（0.926）	8.080（2.526）	−3.102
地形条件	0.163（0.013）	0.410（0.041）	−0.246 ***
水资源条件	0.976（0.028）	1.158（0.041）	−0.182 ***
家庭拥有手机数量	3.125（0.118）	3.122（0.112）	0.003
家庭拥有农机数量	0.034（0.006）	0.107（0.031）	−0.073 ***
家庭拥有汽车数量	0.197（0.016）	0.302（0.063）	−0.104 **
家庭拥有电脑数量	0.515（0.022）	0.748（0.076）	−0.232 ***
户主是否是村干部	0.027（0.006）	0.071（0.021）	−0.044 ***
家庭是否有人参加合作社	0.088（0.010）	0.143（0.029）	−0.055 **
家庭总收入	6.776（6189.361）	3.8896（4223.006）	2.886 **
补贴收入	760.597（64.34）	1693.63（280.821）	−933.035 ***
价格	1.237（1.121）	1.079（0.026）	0.058
信息服务	0.197（0.014）	0.258（0.037）	−0.061
技术服务	0.288（0.016）	0.273（0.037）	0.015
农作物类型	1.031（0.030）	0.712（0.070）	0.319 ***

注：*、**、*** 分别表示在10%、5%、1%的水平上显著。括号内数字为系数的标准误。

核心变量家庭禀赋方面。家庭人口数在采用与未采用三种气候变化适应性措施粮食种植户之间的差异是显著的，而且不采用措施的家庭人口数较少，表明家庭人口数可能对气候变化适应性行为具有正向影响。采用三种适应性措施的粮食种植户家庭拥有的电脑、农机及汽车数量明显大于未采用的粮食种植户，而且采用农田管理型措施的粮食种植户家庭所有的手机数量也明显大于未采用的粮食种植户，表明家庭资产水平有助于其采取适应性措施。

控制变量方面。当适应性措施是农田管理类和工程类的措施时，户主受教育程度在两类农户之间的差异通过了统计上的显著性检验，而且不采用者的受教育年限更长，表明户主受教育年限可能对适应性行为具有负向影响。采用农田管理类的措施粮食种植户的健康水平明显高于未采用农户，表明粮食种植户的健康水平越高，越会采用农田管理型措施；相反，选择不同种子品种的粮食种植户的健康水平明显低于未采用农户，表明粮食种植户的健康水平越低，越会更换种子品种。户主接受农技培训次数在采用与未采用农田管理类的措施、新种子品种的粮食种植户之间的差异显著。人均拥有耕地面积、家庭人均粮食作物种植面积在采用与未采用非工程类的措施的粮食种植户之间的差异显著，采用农田管理型措施的人均耕地和粮食作物种植面积更大，表明人均耕地面积对粮食种植户这一措施采用行为具有正向影响，但更换种子品种的人均面积更小，表明其对粮食种植户更换种子品种行为具有负向影响。采用三种适应性措施粮食种植户所在地的地形条件、水资源条件均差于未采用粮食种植户，差异通过了1%显著性水平检验，表明水资源、地形可能是影响适应性行为的重要因素。户主是否是村干部在采用与未采用工程类的措施粮食种植户之间的差异显著，村干部更可能会采用工程类的措施。家庭是否有人参加合作社在采用措施与未采用措施粮食种植户之间的差异显著，表明家庭是否有人参加合作社是影响适应性行为的变量。采用工程类措施及更换种子品种的粮食种植户获得的补贴收入较高，表明农业补贴有助于粮食种植户采取这两类措施。

其他外部因素方面。农产品价格因素在两类农户间的差异不显著。村级是否获得气象信息服务在采用农田管理措施、更换种子品种与未采用粮食种植户之间的差异、村级是否获得技术支持指标在采用与未采用更换种子品种粮食种植户之间的差异显著。农作物类型在采用适应性措施与未采用粮食种植户之间的差异也显著。上述变量均值的差异分析为我们提供了基础性的认识，但不能作为实证分析的结果。

四、模型估计与结果分析

本章利用Stata15.0软件对粮食种植户对农田管理型措施、种子品种以及工程类措施采用的模型进行估计。表5-5汇报了本章对式（5-9）的估计结果，（1）至（3）列分别是将农田管理型措施、更换种子品种、工程类的措施作为因变量的回归结果。从统计上看，所有模型的拟合优度似然比检验的结果都达到1%的显著性水平，说明所有模型的解释变量对因变量的解释能力较强。

表5-5 模型的估计结果：气候变化、家庭禀赋对适应性行为的影响

变量名称	（1）农田管理型措施	（2）种子品种	（3）工程类的措施
年均气温	-0.370 *** （0.094）	0.321 *** （0.123）	1.175 *** （0.281）
年均气温的平方	0.016 *** （0.003）	-0.011 ** （0.005）	-0.047 *** （0.011）
年均降水总量	-0.002 *** （0.000）	-0.002 *** （0.000）	-0.002 *** （0.000）
降水总量的平方	0.000 *** （0.000）	0.000 *** （0.000）	0.000 *** （0.000）
农户对灾害年的感知	-0.044 （0.035）	—	—
家庭人口数	0.065 *** （0.011）	0.073 *** （0.012）	0.001 （0.009）
家庭拥有手机数量	0.033 ** （0.014）	-0.025 * （0.014）	0.008 （0.009）
家庭拥有农机数量	-0.163 （0.266）	0.079 （0.068）	0.054 （0.042）
家庭拥有汽车数量	-0.082 ** （0.038）	0.055 * （0.028）	0.055 ** （0.022）
家庭拥有电脑数量	-0.004 （0.022）	0.014 （0.022）	0.034 * （0.018）
户主健康水平一般	0.213 *** （0.072）	-0.181 ** （0.090）	-0.176 ** （0.075）
户主健康水平较好	0.383 *** （0.061）	0.055 （0.085）	-0.151 ** （0.065）
户主受教育年限	0.002 （0.005）	0.003 （0.005）	-0.002 （0.003）
户主接受农技培训的次数	0.091 ** （0.038）	-0.007 （0.028）	-0.033 （0.027）
家庭人均耕地面积	0.030 *** （0.003）	-0.038 *** （0.012）	0.000 （0.003）
家庭人均粮食种植面积	-0.005 *** （0.001）	0.005 （0.004）	0.005 （0.003）
土地细碎化程度	0.000 （0.004）	0.031 *** （0.011）	-0.002 （0.002）
地形条件	-0.109 ** （0.045）	0.196 *** （0.053）	0.298 *** （0.050）
较难获取农业用水	0.234 *** （0.043）	0.164 *** （0.053）	0.258 *** （0.026）
较容易获取农业用水	0.276 *** （0.047）	0.046 （0.058）	0.102 *** （0.027）
容易获取农业用水	0.055 （0.108）	0.142 （0.095）	0.116 ** （0.058）
家庭是否有人参加合作社	0.033 （0.051）	-0.116 ** （0.047）	0.090 * （0.047）
户主是否是村干部	-0.131 ** （0.064）	0.049 （0.069）	0.004 （0.041）
家庭总收入	-0.000 *** （0.000）	-0.000 ** （0.000）	-0.000 ** （0.000）
补贴收入	-0.000 ** （0.000）	0.000 *** （0.000）	0.000 *** （0.000）

变量名称	(1)	(2)	(3)
	农田管理型措施	种子品种	工程类的措施
价格	0.133 *** (0.049)	− 0.000 *** (0.000)	− 0.000 (0.000)
技术服务	0.016 (0.052)	0.030 (0.069)	− 0.285 *** (0.070)
信息服务	0.002 (0.056)	0.005 (0.072)	0.221 *** (0.064)
小麦	0.082 (0.073)	− 0.486 *** (0.053)	− 0.616 *** (0.013)
玉米	0.114 * (0.068)	− 0.475 *** (0.051)	− 0.611 *** (0.013)
拟合优度似然比检验	318.27 ***	335.34 ***	245.68 ***
样本量	897	897	897

注：* 、** 、*** 分别表示在10% 、5% 、1% 的水平上显著。括号内数字为系数的标准误。

关于核心解释变量气候因素。在其他条件不变的前提下，气温及其平方对农田管理型措施采用行为分别具有负向、正向影响，且在1%的水平上显著，表明气温与农田管理型措施采用行为之间存在"U"形关系，即随着气温升高，粮食种植户不倾向采用农田管理型措施，但当气温升高到一定程度，粮食种植户采用农田管理型措施的概率增加。当被解释变量是粮食种植户更换种子品种行为以及其工程类措施采用行为时，平均温度的系数均在1%水平上显著，平均温度的平方项分别在5%、1%水平上显著为负，表明气温与更换种子品种行为以及工程类措施采用之间存在"倒U"形关系，即气温升高促进粮食种植户更换种子品种或采用工程类的措施，但超过某一临界点，气温的进一步上升导致粮食种植户更换种子品种或采用工程类措施的概率下降。其原因可能在于，气温升高影响粮食作物的萌芽时间，在不调整农作物播种时间的情况下，调整种子品种有利于减缓气温升高给农作物带来的实际或潜在影响。但是，由于种子的品种及其功能有限，当气温升高到一定程度甚至形成高温热害后，粮食种植户无法继续更换种子品种，而是开始采用农田管理型的适应性措施。

表5-5中的（1）至（3）列中，降水总量的系数都是 − 0.002，且在1%水平上显著；降水总量的平方项的系数都为0，且达到1%的显著性水平。这表明降水总量增加1%，粮食种植户采用三种气候变化适应性措施的概率降低0.2%。这与我们的直觉较为一致，在一定范围内，降水量增加有助于农业生产，充沛且

适当的降水量在能够满足农作物生长需要的情况下，粮食种植户进一步采用措施的必要性减弱。农户对 2015 年是否是灾害年的感知变量的系数不显著。

关于核心解释变量家庭人口数，其在（1）列中的系数是 0.065 且在 1% 水平上显著，家庭人口数对粮食种植户采用农田管理型措施具有正向影响，家庭人口数量增加 1%，粮食种植户采用农田管理型措施的概率上升 6.5%。这与预期一致，农田管理型措施需要劳动力，家庭劳动力禀赋对粮食种植户采用农田管理型措施具有正向影响。该结论与已有 Hassan 和 Nhemachena（2008）的研究结论也较为一致。家庭人口数在（3）列中的系数未达到 10% 的显著性水平，表明其不影响工程类措施采用行为。

关于核心解释变量家庭拥有手机、农机、汽车以及电脑的数量。在（1）至（3）列中，家庭拥有汽车数量的系数分别是 -0.082、0.055、0.055，且分别在 5%、10%、5% 水平上显著。由此可知，家庭拥有的汽车数量对粮食种植户采用农田管理型措施具有负向影响，对更换种子品种及采用工程类的措施具有正向影响。相较于不采用任何措施，更换种子品种及采用工程类措施需要增加资金投入。资本禀赋充裕的粮食种植户，通常劳动力的机会成本较高，偏向于采用增加资金投入型的措施，如更换种子品种。粮食种植户的资本禀赋越充裕，其受到的资金约束越小，采用工程类措施的可能性越大。家庭拥有电脑数量在（3）列中显著为正，表明采用工程类措施家庭拥有更多电脑，资本禀赋充裕。家庭拥有手机数量变量在（1）列中的系数为正，且在 5% 水平上显著，在（2）列的系数显著为负。手机数量对粮食种植户采用农田管理型措施的正向影响，关键在于手机能够为粮食种植户提供天气预报信息，手机数量越多，粮食种植户获取气象信息的可能性和完整性越高。

五、稳健性检验

农户个人适应能力的驱动因素是影响农户适应气候变化的关键（方一平等，2009；Lea et al.，2011）。个体的适应能力包括人力资本、金融资本、物质资本以及社会资本等（谭淑豪等，2016）。农户的适应能力与单个解释变量相比，能够从整体上客观地测度农户能否适应气候变化的条件。本章在单个解释变量的基础上，利用熵权法测度粮食种植户的人力资本、物质资本、自然资本、社会资本、金融资本及其适应能力，并利用二元离散 Probit 选择模型分析气温、降水量变化对粮食种植户三种适应性行为的影响。

（一）粮食种植户的适应能力

适应能力是系统面对正在以及预期发生的气候变化的自身调适能力，也是应对已经发生的气候变化结果的能力（Gallopín, 2006）。适应能力既可以表示为技术、教育、信息、财富、管理能力以及资源可获得性的函数（McCarthy et al., 2001），也可以表示为人力资本、金融资本、物质资本以及社会资本等的函数（谭淑豪等，2016）。农户的适应能力是农户人力资本、金融资本、物质资本以及社会资本等各类资本的集中体现指标，涵盖了农户劳动力、资本禀赋。在一定程度上，农户的适应能力是影响其气候变化适应性行为且具有整体性的内在因素。

农户的资本是多样化的，多样化的资本有利于农户应对农业生产中的各种不确定性和风险。可持续生计框架将农户的资本划分为自然资本、人力资本等五大类资本。这恰好与农户适应能力的内容相匹配，值得借鉴。事实上，可持续生计分析方法已是分析不同国家的农村家庭气候变化适应能力的重要方法之一，如 Ellis（2000）、Hammill 等（2005）、Nelson 等（2007，2010）等都采用过该方法。本章借鉴可持续生计的分析框架，参考李斌等（2002）、冯晓龙等（2018）的研究，将粮食种植户的资本具体划分为自然资本、人力资本、物质资本、金融资本和社会资本，并构建本章适应能力的相应指标体系（见表 5 - 6）。

表 5 - 6　粮食种植户的适应能力的指标与赋值说明

变量类别	变量设定	赋值说明
人力资本	家庭人口数	家庭实际劳动力数量（人）
	户主受教育年限	户主受教育的年限（年）
	户主的健康水平	1 = 户主身体较差；2 = 欠佳；3 = 一般；4 = 尚佳；5 = 健康
	户主接受农业技术培训的次数	户主接受农技培训的次数（次）

续表

变量类别	变量设定	赋值说明
自然资本	家庭人均拥有耕地面积	家庭人均拥有耕地面积（亩/人）
	家庭人均粮食作物种植面积	家庭人均粮食作物种植面积（亩/人）
	土地细碎化程度	耕地细碎化程度（亩/块）
	地形条件	耕地中是否有山地/丘陵：1＝是；0＝否
	水资源条件	本地农业水资源状况：0＝丰富；1＝一般；2＝短缺；3＝不了解
物质资本	手机数量	家庭拥有手机数量（部）
	农机数量	家庭拥有农机数量（台）
	小汽车数量	家庭拥有小汽车数量（辆）
	电脑数量	家庭拥有电脑数量（台）
社会资本	户主是否是村干部	户主是否是村干部：1＝是；0＝否
	家庭是否有人参加合作社	家庭是否有人参加合作社：1＝是；0＝否
金融资本	家庭总收入	家庭总收入（万元/户）
	补贴收入	家庭获得的补贴收入（元/户）

1. 适应能力的指标体系构建

本章基于可持续生计框架，确定粮食种植户的适应能力包括五个方面内容：人力资本、自然资本、社会资本、物质资本以及金融资本。

人力资本包括质与量两个方面，质是指人的知识、技艺、熟悉程度以及其他东西；量是指一个社会中从事工作的人数、百分比及劳动时间等。通俗地讲，人力资本是个体拥有的用于谋生的能力、知识、技能以及健康程度等（江涛，2008；赵雪雁，2011），人力资本决定着农户运用其他资本的情况。本章借鉴Sharp（2003）、李小云等（2007）、Brown 等（2010）、Shah 等（2013）、谭淑豪等（2016）的研究，选取的人力资本指标包括家庭人口数、户主受教育年限、户主的健康水平、户主接受农业技术培训的次数。其中，户主受教育年限、户主接受农业技术培训的次数与户主的健康水平指标共同象征着人力资本质量；农业家庭人口数是农业生产的基础，是人力资本数量的象征，同时也是本章比较关心的劳动力禀赋的衡量指标。

农业高度依赖自然条件，人们农业生产中能够利用的土地、水等自然资源都是自然资本的重要内容。土地质量、土地数量、整体地貌地形都会影响农民的生产决策。农业部门用水需求量大，自 2004 年来我国农业用水占全国主要水资源消耗比保持在 60% 以上[①]。水资源丰富与否也影响农民的生产决策。本章参考李谷成等（2008，2010）、朱建军等（2016）、赵文娟等（2016）的研究，选择家庭人均拥有耕地面积、家庭人均粮食作物种植面积、土地细碎化程度、地形条件以及当地水资源条件五个指标作为自然资本的衡量指标。

物质资本是不包括自然资源在内的用于农业生产的其他物质，如生产工具、基础设施等。农用机械是农民拥有的重要物质资本，具有提高农业生产效率的重要作用；通信设备是农户获取气候等信息的重要工具；交通工具是帮助农户进行农业生产及销售的重要工具。本章衡量物质资本的指标包括家庭拥有手机数量、家庭拥有农机数量、小汽车的数量以及电脑数量等。

社会资本指的是个体或者团体之间的关系，是人们在社会结构当中扮演的角色给他们带来的资源。社会资本可以从两个角度来理解：一是个体自身社会地位对其所能获得社会资本的影响，二是个体所在社会网络的特征对个体社会资源获取能力的影响。李小云（2015a，2015b）、赵雪雁（2011）等指出社会资本包括加入的社会组织和个人社会网络。社会参与是社会资本建立的条件，合作社在促进农业生产信息以及技术的扩散上具有积极作用，农民积极参与合作社组织在一定程度上能够增加其社会资本。村干部作为村里的公职人员，获取信息的丰富程度及时效性优于其他村民，而且接触的人较为广泛，社会网络丰富。依据已有研究和实际情况，本章选择户主是否是村干部，家庭是否有人参加合作社组织作为社会资本的衡量指标。

金融资本主要指农户拥有的可以支配的现金。农户的收入情况是重要的衡量指标，本章用农户家庭总收入和农业补贴收入反映农户的收入情况。其中，农户家庭总收入是金融资本最直接的衡量指标，决定了农户是否有足够的空间进行决策行为；农业补贴是辅助的衡量指标，能为农业生产提供一定的资金。

2. 适应能力的测算方法

熵最初用于反映能量在空间中分布的均匀情况，熵越大代表能量分布越均匀；信息熵是将熵的概念引入到信息理论中，用以体现信息源中信号的不确定

---

① 数据来源于水利部（2005）。

性。熵可以用来度量数据携带的有效信息，用以确定所选指标的权重值（王倩，2009）。熵值赋予指标权重的内在含义是，如果所选的某一指标携带了较多有效的信息量，则熵值越小，该指标被赋予的权重越大；相反，如果某一指标值的差距小，其携带的信息量有限，而熵值越大，该指标被赋予的权重越小。本章采用熵值法对粮食种植户生计资本指标赋权，具体步骤如下：

基本矩阵 $Y = (y_{ij})$ 中，y_{ij} 表示的是第 i 个粮食种植户在第 j 个指标上的观测值，假设共有 m 个粮食种植户，n 个被选择的指标，则有 $i = 1, 2, 3, \cdots, m$，$j = 1, 2, 3, \cdots, n$。

利用基本矩阵，在处理不同指标之间量纲的差异化后，生产新的矩阵 $X = (x_{ij})$，在新矩阵中的各个元素已完成了标准化处理，见式（5 - 10），其中，$\overline{y}_j = \sum_{i=1}^{m} y_{ij}/m$，$S_j^2 = \sum_{i=1}^{m} (y_{ij} - \overline{y}_j)^2$。一般情况下，$x_{ij}$ 的值会介于 $-5 \sim 5$，为避免 x_{ij} 为负数和零，对其进行坐标移动得到 p_{ij}，即 $p_{ij} = x_{ij} + 5$。

$$x_{ij} = \frac{y_{ij} - \overline{y}_j}{S_j} \tag{5 - 10}$$

将 p_{ij} 同度量化，测算第 i 个粮食种植户在第 j 个指标上比重：

$$d_{ij} = \frac{p_{ij}}{\sum_{i=1}^{m} p_{ij}} \tag{5 - 11}$$

在式（5 - 11）的基础上，测算第 j 个指标的熵值：

$$e_j = -(1/\ln m) \sum_{i=1}^{m} d_{ij} \ln d_{ij} \tag{5 - 12}$$

在式（5 - 12）的基础上，测算第 j 个指标的权重：

$$w_j = 1 - e_j / \sum_{j=1}^{n} (1 - e_j) \tag{5 - 13}$$

利用标准化后的 p_{ij} 与权重 w_j 加权求和，测算得到每一个粮食种植户每一种资本以及总生计资本，见式（5 - 14）：

$$v_i = \sum_{j=1}^{n} p_{ij} w_j \tag{5 - 14}$$

3. 适应能力的描述性统计

基于式（5 - 10）至式（5 - 14），本章利用粮食种植户调查数据，测算得到了粮食种植户的五个资本水平以及总资本水平，具体描述性统计见表 5 - 7。由其可知，粮食种植户的适应能力的最大值和最小值分别是 5.23、4.95，均值为 4.999，方差为 0.04，表明农户的适应性能力在 4.95~5.23 波动变化。物质资本的最大值和最小值分别是 5.23、1.17，均值是 2.4，方差是 1.75，表明粮食种植户之间的物质资本存在明显差异。

表 5 – 7　粮食种植户的资本水平及适应能力

农户类型	变量名称	最大值	最小值	平均值	方差
粮食种植户	人力资本	1.257	0.000	0.831	0.561
	自然资本	1.531	0.000	0.931	0.632
	金融资本	0.652	0.000	0.412	0.278
	社会资本	0.639	0.005	0.419	0.280
	物质资本	5.230	1.169	2.401	1.750
	适应能力	5.235	4.950	4.999	0.035

接下来，本章对采用与未采用三种适应性措施粮食种植户的资本水平均值的差异进行检验，检验结果见表 5 – 8。由表可知，采用与未采用三种措施的粮食种植户之间的适应能力的差异都通过了 1% 显著性水平检验，而且采用三种措施粮食种植户的适应能力值更大，表明适应能力可能有助于粮食种植户采用三种适应性气候变化的措施。但是，人力资本、自然资本、经济资本、物质资本以及社会资本水平在采用与未采用三种措施的粮食种植户间的差异未通过显著性检验。各类资本水平对粮食种植户适应性行为的影响有待进一步的实证检验。

表 5 – 8　采用与未采用粮食种植户的资本水平均值的差异检验

	变量名称	采用农户	未采用农户	差异
农田管理型措施	适应能力	4.990 (0.002)	5.003 (0.001)	− 0.014 ***
	人力资本	0.793 (0.036)	0.845 (0.021)	− 0.052
	自然资本	0.888 (0.040)	0.948 (0.024)	− 0.059
	物质资本	2.513 (0.112)	2.364 (0.068)	0.149
	社会资本	0.399 (0.0181)	0.426 (0.011)	− 0.027
	金融资本	0.394 (0.0181)	0.419 (0.011)	− 0.025

续表

	变量名称	采用农户	未采用农户	差异
其他种子品种	适应能力	4.994 (0.001)	5.009 (0.002)	− 0.014 ***
	人力资本	0.837 (0.023)	0.817 (0.031)	0.020
	自然资本	0.938 (0.026)	0.919 (0.036)	0.019
	物质资本	2.378 (0.072)	2.456 (0.099)	− 0.078
	社会资本	0.423 (0.011)	0.410 (0.015)	0.012
	金融资本	0.416 (0.011)	0.404 (0.015)	0.011
工程类的措施	适应能力	4.997 (0.001)	5.014 (0.004)	− 0.017 ***
	人力资本	0.824 (0.020)	0.863 (0.046)	− 0.038
	自然资本	0.926 (0.023)	0.962 (0.052)	− 0.036
	物质资本	2.421 (0.063)	2.322 (0.146)	0.098
	社会资本	0.416 (0.010)	0.436 (0.023)	− 0.021
	金融资本	0.409 (0.010)	0.428 (0.023)	− 0.019

注：*** 表示在1%的水平上显著。括号内数字为系数的标准误。

（二）模型设定与变量说明

为分析气温、降水量变化、适应能力对粮食种植户气候变化适应性行为的影响，本章建立的计量模型如下：

$$Adaptation_{ni} = \alpha_n + \delta_{n1} C_i + \delta_{n2} E_i + \delta_{n3} Z_i + \varepsilon_i \qquad (5-15)$$

式（5-15）中，被解释变量$Adaptation_{ni}$依旧是粮食种植户i对适应性措施n的采用情况，关键解释变量是C_i和E_i，其中，C_i含义与式（5-8）相同，表示气候因素；E_i是粮食种植户的各种资本水平（人力资本、经济资本、社会资本、自然资本和物质资本）或适应能力（总资本水平）。Z_i是控制变量，包括农产品价格、农作物类型、村级是否获得信息和技术服务。ε_i是随机扰动项，δ_{n1}、δ_{n2}、δ_{n3}均是待估参数。鉴于农田管理措施、更换种子品种和工程类的措施的采用行为都是二元离散变量，本章选择二元离散 Probit 模型进行实证研究，模型可表示为：

$$P(Adaptation_{ni} = 1) = \Phi(\alpha_n + \delta_{n1} C_i + \delta_{n2} E_i + \delta_{n3} Z_i + \varepsilon_i) \qquad (5-16)$$

（三）模型估计结果

表5-9、表5-10汇报了本章对式（5-16）的模型估计结果，（4）列、

粮食种植户对气候变化的适应性行为及其效应研究

（7）列的因变量是农田管理类措施，（5）列、（8）列的因变量是更换其他种子品种，（6）列、（9）列的因变量是工程类的措施。（4）～（6）列的核心解释变量是气候因素、粮食种植户的各类资本水平；（7）～（9）列的核心解释变量是气候变化、粮食种植户的适应能力。从统计结果上看，6 个模型的拟合优度似然比检验的结果都达到 1% 的显著性水平，表示模型的解释变量对因变量的解释能力较强。

表 5 - 9　模型估计结果：气候变化、各类资本水平对适应性行为的影响

变量名称	（4）农田管理型措施	（5）种子品种	（6）工程类的措施
平均温度	- 0.445 *** （0.091）	0.012 *** （0.004）	0.190 * （0.106）
平均温度的平方	0.018 *** （0.004）	- 0.266 *** （0.098）	- 0.006 （0.004）
降水总量	- 0.001 ** （0.002）	0.000 （0.000）	- 0.000 （0.000）
降水总量的平方	0.000 ** （0.000）	- 0.000 ** （0.000）	- 0.000 （0.000）
农户对灾害年的感知	0.003 （0.040）	—	—
人力资本	- 0.858 （1.759）	9.086 *** （1.759）	0.062 （1.354）
物质资本	2.210 *** （0.544）	2.333 *** （0.402）	1.895 *** （0.335）
自然资本	3.795 *** （0.749）	1.315 ** （0635）	1.721 *** （0.483）
社会资本	15.493 *** （3.390）	- 10.133 *** （2.692）	2.219 （1.986）
金融资本	- 8.903 *** （2.935）	3.722 （2.860）	5.901 ** （2.442）
价格	0.218 *** （0.059）	- 0.000 *** （0.000）	- 0.002 * （0.001）
技术服务	- 0.067 （0.056）	0.109 （0.070）	- 0.226 *** （0.074）
信息服务	0.039 （0.063）	- 0.047 （0.078）	0.232 *** （0.077）
小麦	- 0.137 （0.131）	- 0.238 （0.364）	- 0.358 *** （0.096）
玉米	0.144 ** （0.071）	- 0.414 （0.308）	- 0.434 *** （0.080）
拟合优度似然比检验	137.54 ***	215.29 ***	145.20 ***
样本量	897	897	897

注：* 、** 、*** 分别表示在 10%、5%、1% 的水平上显著。括号内数字为系数的标准误。

表5-10　模型估计结果：气候变化、适应能力对粮食种植户三种适应性行为的影响

变量名称	(7)	(8)	(9)
	农田管理型措施	种子品种	工程类的措施
平均温度	- 0.461 *** （0.082）	0.008 ** （0.004）	0.108 （0.097）
平均温度的平方	0.019 *** （0.003）	- 0.174 * （0.091）	- 0.003 （0.003）
降水总量	- 0.001 ** （0.000）	- 0.000 （0.000）	- 0.000 （0.000）
降水总量的平方	0.000 （0.000）	- 0.000 * （0.000）	0.000 （0.000）
农户对灾害年的感知	0.003 （0.038）	—	—
适应能力	1.936 *** （0.487）	2.377 *** （0.409）	1.968 *** （0.328）
价格	0.241 *** （0.056）	- 0.000 *** （0.000）	- 0.005 （0.010）
技术服务	- 0.090 （0.058）	0.144 * （0.078）	- 0.198 *** （0.062）
信息服务	0.085 （0.065）	- 0.087 （0.081）	0.207 *** （0.065）
小麦	0.029 （0.074）	- 0.238 *** （0.263）	- 0.348 *** （0.084）
玉米	0.091 （0.067）	- 0.216 *** （0.070）	- 0.325 *** （0.083）
拟合优度似然比检验	133.51 ***	192.45 ***	138.42 ***
样本量	897	897	897

注：＊、＊＊、＊＊＊分别表示在10%、5%、1%的水平上显著。括号内数字为系数的标准误。

由表5-9（4）列可知，在控制了其他变量后，气温变量的系数均显著为负，气温二次项变量的系数均显著为正，表明气温与农户农田管理型措施采用行为之间存在"U"形关系。这一结论与（1）列的估计结果大致相同。（5）列的气温及其二次项对农户更换种子品种行为分别具有正向、负向影响，且在1%的水平上显著，这与（2）列对应变量的估计结果的方向及显著性一致。（6）列的气温变量的系数在10%的水平上显著为正，但是其二次项的系数未通过显著性检验，这与（3）列的结果不一致。总的来说，表5-5呈现的气温变化对三种适应性措施采用行为影响的结果是稳健的。

在表5-9（4）列结果中，在控制了其他变量之后，降水总量及其二次项依次在5%水平上显著为负、为正，降水量与粮食种植户农田管理型措施采用之间存在"倒U"形关系，这与（1）列的估计结果基本相同。在（5）列、（6）列结果中，只有（5）列中的降水总量二次项变量的系数达到5%的显著性水平，其余降水量及其相关变量的系数均不显著，这与（3）列、（4）列的相应结果有所差异。由此可知，表5-5呈现的降水量变化对农田管理措施采用行为影响的

结果是最为稳健的。最后，综合表 5 - 5、表 5 - 9 中气温、降水量对农田管理型措施、其他种子品种、工程类的措施的采用行为影响的结果，推断农田管理型措施是粮食种植户常采用的适应气候变化的措施，农田管理型措施更多地反映了粮食种植户对气候变化的适应性，具有代表性。

关于核心解释变量粮食种植户的各类资本水平。人力资本对更换种子品种行为具有显著的正向影响，且在 1% 的水平上显著，但其对农田管理型措施、工程类的措施采用的影响不显著。其原因可能在于，人力资本质量越高的粮食种植户对种子品种特征的理解更全面，进而能通过调整种子品种来适应气候变化。物质资本对农田管理型措施、其他种子品种以及工程类的措施采用均具有显著的正向影响，而且（5）列中的物质资本变量的系数大于（4）列对应的系数，表明物质资本对更换种子品种行为的影响程度更大。这恰好与表 5 - 5 中家庭资本禀赋变量对农田管理措施、更换种子品种影响的结果较为一致，再一次证明了相较于农田管理措施，更换种子品种对资金的需求程度更高。

表 5 - 9 的（4）～（6）列中，自然资本变量的系数均显著为正，表明粮食种植户所在地区的水土资源条件越好，粮食种植户适应气候变化的积极性更高，更愿意采用适应性措施。此外，社会资本对农田管理型措施的采用具有正向影响，且在 1% 的水平上显著。其原因可能在于，社会资本越丰富的粮食种植户，其获取气候及相关技术的信息渠道越多，加之农田管理型措施所需的成本低，受到的约束条件少。因此，粮食种植户通过相互之间的信息交流便能做出采用决策。金融资本对农田管理型措施的采用具有负向影响，其原因可能在于如果粮食种植户的收入主要来自非农就业，那么粮食种植户种田的积极性便不高，这将导致其应对气候变化的积极性下降。粮食种植户金融资本水平越高，其人力资本等其他资本水平也更高，选择离开农业的可能性也就越高（侯玲玲等，2016；Bradshaw et al.，2004）。

适应能力是各类资本水平的集中体现。气候变化、适应能力对粮食种植户三种适应性行为影响的模型估计结果见表 5 - 10。由表 5 - 10 可知，在控制其他变量的条件下，气温与农田管理型措施采用行为之间仍存在"U"形关系；降水总量增加 1%，对适应性行为的影响采用农田管理型措施的概率降低 0.1%。年均气温与更换种子品种行为之间存在"倒 U"形关系。这些结果与表 5 - 5、表 5 - 9 的结论较为一致。表 5 - 10 中的结果还显示，粮食种植户的适应性能力对其农田管理型措施、更换种子品种及工程类的措施采用均具有显著的正向影响，但影响程度存在一定差异。其中，（8）列的适应能力变量的系数最大，（7）列的适应能力变量的系数最小，表明农田管理型措施对粮食种植户的适应能力的要求最低，粮食种植户的适应能力的提高更有助于其更换种子品种。

第六章　极端天气事件发生频率对粮农保护性耕作的影响

多年平均气温、多年平均降水总量的变化能反映长期的气候变化，但平均指标无法反映气候的异常情况，而且极端天气事件对粮食生产的不利影响更为明显。本章继续基于长期的视角，以粮食种植户对极端天气事件发生频率的感知作为衡量长期气候的指标，分析粮食种植户保护性耕作行为如何受到极端天气事件发生频率的影响。具体而言，本章基于粮食种植户调查数据，采用二元离散Logit模型、补对数—对数模型，分析粮食种植户对极端天气事件发生频率的感知对其保护性耕作行为的影响。粮食种植户的收入水平不同，其保护性耕作行为也可能不同。本章在基础模型上加入粮食种植户感知和其收入水平的交叉项，以回答在感知相同的情况下，收入水平对粮食种植户保护性耕作行为的影响。

一、保护性耕作的内容与研究现状

保护性耕作享有"蓝色革命"之称，它的兴起是为了减弱自然环境约束对农业生产的影响。保护性耕作作为一种环境友好型的耕作模式，是以机械化装备、技术为载体的现代农业技术。它是一项系统工程，包含多项技术，核心技术是秸秆覆盖、少耕、免耕、病虫害防治和深松。其中，秸秆覆盖是指农户将收获之后的秸秆和残茬覆盖在地表上以减少土壤水分流失、防治土壤侵蚀；少耕是指在前茬农作物收获后，只进行适度整地后就播种的耕作方式；免耕则是不对土地进行任何翻整就直接播种的耕作方式；保护性耕作下，杂草易生长、虫害易发生，病虫害防治是指利用农药、杀虫剂处理杂草和病虫；深松是指每隔2~3年对地块进行一次疏松土壤。

保护性耕作具有重要的现实意义，它能够改善土壤有机质含量、土壤耕层结构，提高土壤蓄水及农田生产能力（Giovanni et al.，2016），也能够减少温室气体排放（王金霞等，2009）。我国从2002年开始推广保护性耕作，但总体上仍处于初级阶段。保护性耕作在我国的发展特征是：一是我国农户采用保护性耕作的积极性不高，采用保护性耕作的农户占比也较低，2014年的保护性耕作应用面积只占全国总耕地面积的6.4%；二是我国大多数农户极少采用整套保护性耕作，而是采用保护性耕作体系中的一部分技术①，如秸秆覆盖和少耕。

农户保护性耕作技术采用行为受到以下三方面因素的影响：一是政府补贴及农技推广系统的完善对农户保护性耕作技术的采用具有显著的正向影响（王金霞等，2010；童洪志，2018；魏思琳等，2016）。二是经济效益对农户保护性耕地技术采用行为具有明显影响，如果农户能够认识到保护性耕作的节本增产效应，其采用保护性耕作的可能性越高（李然嫣、陈印军，2017；李卫等，2017）。三是个体及家庭特征对农户保护性耕地技术采用行为的影响（杨柳等，2017；曹慧等，2018）。然而，少有研究分析自然环境因素在农户保护性耕作行为中发挥的作用。

近年来，全球气候变暖导致的干旱等极端天气事件的发生概率和强调均有所增加，这使从自然环境方面展开对农户保护性耕作决策的探讨具有现实意义。

自然环境及气候因素与保护性耕作体系中的某一技术的采用之间具有紧密的联系。例如，气温升高对农户铺盖秸秆行为具有正向影响（冯晓龙，2017）。相比之下，唐利群等（2017）实现了从某一个技术到整体保护性耕作的推进，并指出在旱涝灾害发生的背景下，水稻种植户会采用保护性耕作。洪涝灾害对农户的水土保持技术采用具有显著的正向影响（Falco and Bulte，2013）。综上所述，本章重点分析极端天气事件与农户保护性耕作行为之间的关系。

关于极端天气事件的度量，已有研究主要采用极端天气事件是否发生的二元变量，忽略了极端天气事件发生的频率。由此，本章把粮食种植户对极端天气事

---

① 已有研究把只涉及保护性耕作体系中一部分技术称为保护性耕作技术。本书的保护性耕作包括所有技术。

件发生频率的感知作为极端天气事件的衡量指标。当然，除外部气候因素外，农户保护性耕作行为主要受其内在条件的影响，农户收入水平便是一个重要变量。农户的收入水平不同，其对保护性耕作行为的影响可能会有差异，但实证研究相对较少。由此，本章将进一步分析在粮食种植户对极端天气事件发生频率感知相同的条件下，粮食种植户收入水平发挥的作用。

二、研究假说

粮食种植户对极端天气事件发生频率的感知与其保护性耕作行为。良好的土壤条件能满足农作物根系对水分和养分的需求。气候变化与土壤条件紧密相关：一是气温升高与降水模式的改变导致农药活性降低、分解速度加快；二是气温升高导致土壤矿物质流失或挥发，土壤肥力下降（周洁红等，2017）；三是雨涝等极端天气事件的发生易造成土壤疏松，土壤肥力下降，严重时甚至导致水土分离。极端天气事件发生得越频繁，土壤肥力下降的可能性越高。保护性耕作能改善土壤的有机质含量，提高土壤的肥力、水分渗透力。由此，本章提出假说，极端天气事件发生得越频繁，粮食种植户采用保护性耕作的可能性越高。

粮食种植户收入水平与其保护性耕作决策。随着我国农业生产的"半工半农"、青壮年外出务工比例的增加，我国农村劳动力呈现老化、妇女化。农业机械作业对劳动力具有替代作用，农业机械具有较高的生产效率，加之政府对农业机械化的高度重视，我国的农业机械化水平不断提高。粮食种植户收入水平与其保护性耕作决策的关系主要体现在两个方面：一方面，保护性耕作的实现主要依靠农业机械作业，在农业机械化不断发展的背景下，粮食种植户采用保护性耕作的可能性增大。但是，粮食种植户采用农业机械已经投入了一定成本，保护性耕作的采用将进一步增加粮食种植户的生产成本。粮食种植户的生产成本投入程度取决于其收入水平，即粮食种植户收入水平越高，其投入更多成本的可能性更大。另一方面，保护性耕作效果的发挥需要一定时间，粮食种植户无法当期收益，回收成本。换言之，粮食种植户收入水平越高，其可能越不会急于当期收回成本。由此，本章提出假说，粮食种植户收入水平对其保护性耕作决策具有正向影响。

三、模型设定与变量说明

一项农业技术能够被农户采用的主要驱动力是该技术能否给农户带来经济效益（Fuglie et al.，2001），在此基础上，假设粮食种植户的保护性耕作行为受到潜在利润的影响。基于预期利润最大化，在假定其他变量不变的条件下，比较采用保护性耕作获得的潜在利润和采用传统耕作方式获得的预期利润，如果前者的潜在利润大于后者的预期利润，粮食种植户则会采用保护性耕作。然而，两者之间的利润差是主观的，并不能被我们所观察，我们能够观察的是粮食种植户是否采用保护性耕作。基于这样的分析框架，粮食种植户是否采用保护性耕作可以表达为：

$$W(\pi)_i^* = X_i\delta + P_i\gamma + \varepsilon_i, \quad W_i = 1\,if\,W(\pi)_i^* > 0 \tag{6-1}$$

其中，$W(\pi)_i^*$ 是粮食种植户 i 采用保护性耕作的潜在利润与采用传统耕作方式的预期利润的差；W_i 代表粮食种植户 i 是否采用保护性耕作，是一个二元离散选择变量，如果粮食种植户采用保护性耕作，则赋值为 1，否则为 0；X_i 是一系列的解释变量，假设这些变量可能会对粮食种植户保护性耕作决策产生影响，包括粮食种植户个体特征（年龄、受教育程度等）、农地特征（种植面积）、政府补贴、家庭收入水平等；P_i 表示粮食种植户 i 对极端天气事件发生频率的感知。

由此，建立的计量经济模型如下：

$$W_i = \alpha + \beta_1 P_i + \beta_2 X_i + \varepsilon_i \tag{6-2}$$

式（6-2）中，被解释变量 W_i 代表粮食种植户是否采用保护性耕作的二元变量。这里的保护性耕作指的是整套保护性耕作（包括少耕免耕、秸秆覆盖、病虫害防治和深松），如果农户采用保护性耕作则为 1，否则为 0。P_i 表示粮食种植户对极端天气事件发生频率的感知，这是本章关心的重要解释变量之一。在问卷中，粮食种植户对近年来极端天气事件发生频率的感知共有 5 个选项：极端天气事件每年都会发生、2~4 年发生一次、4~6 年发生一次、6~8 年发生一次、不定期发生。首先，将粮食种植户对极端天气事件发生频率的感知设置为二分类变量，如果粮食种植户认为极端天气事件每年都会发生，赋值1，其余赋值0。因为极端天气事件每年发生更能反映当地气候条件的恶劣，极端天气事件频发也更容易造成土壤退化。

其次，进一步选取其他重要解释变量X_i：户主的性别、年龄、受教育程度；农户家庭收入水平、外出务工人数、耕地面积、地形特征；机械作业服务总费用、是否参加农业合作社、参加技术培训的次数、耕地附近是否有机耕道；当地是否有焚烧处罚政策、耕地支持保护补贴到位；省份虚拟变量。

为进一步回答在感知相同的条件下，家庭收入水平对粮食种植户保护性耕作行为的影响，本章将家庭收入水平划分为低、中、高三组[①]，并在 Logit 模型中加入了粮食种植户感知和收入水平的交叉项，具体模型设定如下：

$$W_i = \alpha + \beta_1 P_i + \beta_2 X_i + \beta_3 P_1 I_{1i} + \beta_4 P_1 I_{2i} + \varepsilon_i \qquad (6-3)$$

式（6-3）中，$P_1 I_{1i}$、$P_1 I_{2i}$ 分别表示粮食种植户感知极端天气事件每年发生与低收入的交叉项、粮食种植户感知极端天气事件每年发生与中收入的交叉项，基准组是粮食种植户感知极端天气事件每年发生与高收入的交叉项。

因为被解释变量W_i是二元选择变量，这里选择二元离散 Logit 模型进行参数估计。此外，因为做出保护性耕作决策的粮食种植户比例较低，导致被解释变量中存在少量的1，本章还选择补对数—对数模型进行稳健性分析。

在二值选择模型中，当因变量为1发生的概率很小时，使用 MLE（如 Logit）估计得到的二值选择模型虽是一致的，但在样本量较小的情况下，Logit 估计依然存在偏差。而且，由于因变量为1的发生概率很小，偏差将进一步增加。参考陈强（2014），假设只有一个解释变量和只有一个被解释变量的 Logit 模型：

$$P(y=1 \mid x) = \frac{exp(\beta_0 + \beta_1 x)}{1 + exp(\beta_0 + \beta_1 x)} \qquad (6-4)$$

假设$\beta_1 > 0$，则有x与y之间正相关。如果将观测数据x从小到大排列，则条件分布$x \mid y=0$的密度函数以及$x \mid y=1$的密度函数见图6-1。由于因变量$y=0$的观测数据较多，容易得到$x \mid y=0$的密度函数。因为x与y正相关，$y=0$的观测数据位于x轴的左侧，$y=1$的观测数据位于x轴的右侧。寻找一个分界点x能够较好地区分$y=0$和$y=1$的观测数据，该分界点与β_1的 MLE 估计值相关，而且

---

① 家庭收入分组的依据是低于样本农户家庭收入1/3分位数的是低收入组；高于样本农户家庭收入2/3分位数的是高收入组；位于两者之间的是中收入组。

极有可能落在 $y = 1$ 的左侧数据中。因为 $x \mid y = 0$ 的密度函数容易被估计，而 $x \mid y = 1$ 的密度函数的左尾很难被估计，导致分界点被系统性地高估，即更多的 0 置于左侧，导致 $y = 1$ 的概率被系统低估。

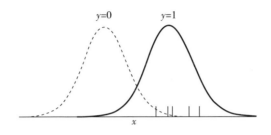

图 6 - 1 稀有事件偏差示意图

解决上述问题可以采用"补对数—对数模型"，其事件发生概率是：

$$p = P(y = 1 \mid x) = 1 - exp\{-e^{x'\beta}\} \tag{6-5}$$

在式 (6 - 5) 中，$x'\beta = \ln[-\ln(1-p)]$。依据式 (6 - 5) 可写出似然函数，然后进行 MLE 估计。在"补对数—对数模型"中，事件发生概率趋于 1 的速度快于事件发生概率趋于 0 的速度，恰好解决了上述问题。

四、变量的描述性统计

本章解释变量与被解释变量的描述性统计见表 6 - 1，其中，粮食种植户保护性耕作行为的平均值是 0.09，9.8% 的粮食种植户采用保护性耕作。粮食种植户对极端天气事件感知的平均值是 0.27。受访家庭户主的平均年龄是 52 岁，可见农业生产中"老化"现象较为突出，87% 受访家庭的户主是男性。户主的平均受教育年限是 8 年。家庭成员参加农技培训的次数平均值是 0.12 次，表明粮食种植户较少接受技术培训。与此同时，粮食种植户较少参加农业合作社，其平均值仅为 0.12 次。家庭总收入水平较高，平均值为 6 万元。种植面积的平均值是 8.40 亩，而且耕地主要以平原为主。粮食种植户每亩耕地上机械作业服务总费用的平均值是 95. 16 元。大约 50% 的粮食种植户的耕地附近有机耕道，表明农业部门十分重视对硬件设施的投资。就相关政策而言，当地是否有焚烧处罚政策的平均值为 0. 64。

表 6 - 1　解释变量与被解释变量的描述性统计

变量	说明及单位	最大值	最小值	均值	标准差
保护性耕作行为	是 = 1，否 = 0	1	0	0. 09	0. 29
农户对极端天气事件的感知	每年发生 = 1，其余 = 0	1	0	0. 27	0. 44
户主的性别	男 = 1，女 = 0	1	0	0. 87	0. 33
年龄	岁	74	25	52. 37	8. 69
受教育程度	年	20	0	7. 95	2. 64
参加技术培训的次数	次数	1	0	0. 12	0. 44
是否参加农业合作社	是 = 1，否 = 0	1	0	0. 09	0. 29
家庭收入水平	万元/户	30. 00	1. 23	6. 00	15. 76
家庭人口数	人数/户	7	1	2. 86	1. 52
外出务工人数	人数/户	7	0	1. 00	1. 01
种植面积	亩	112	1	8. 40	16. 80
耕地中是否有山地/丘陵	是 = 1，否 = 0	1	0	0. 20	0. 40
机械作业服务总费用	元/亩	833. 33	0	95. 16	11. 33
耕地附近是否有机耕道	是 = 1，否 = 0	1	0	0. 47	0. 49
耕地支持保护补贴到位	元/户	209	0	90. 51	21. 10
当地是否有焚烧处罚政策	是 = 1，否 = 0	1	0	0. 64	0. 48

　　表 6 - 2 呈现的是解释变量与被解释变量在感知极端天气事件每年发生与否的两组粮食种植户间的平均值差异检验。由其可知，感知极端天气事件每年发生的户主年龄、参加农技培训的次数的平均值均较高，而且均值差异通过了统计上的显著性检验，表明粮食种植户的年龄越大，参加农技培训的次数越多，其越能感知极端天气事件发生的频繁性。家庭人口数、外出务工人数、受教育程度、种植面积、地形特征、补贴的均值差异也均达到了显著性水平。此外，感知极端天气事件每年发生的粮食种植户，其保护性耕作行为的平均值是 0. 14，明显高于未感知粮食种植户的平均值 0. 08，表明粮食种植户对极端天气事件发生频率的感知可能影响其保护性耕作行为。

表6-2　各变量在感知与未感知粮食种植户间的均值差异性检验的结果

变量	未感知农户	感知农户	均值差
保护性耕作行为	0.08 (0.01)	0.14 (0.02)	-0.06***
性别	0.87 (0.01)	0.86 (0.02)	0.01
年龄	52.00 (0.34)	53.35 (0.54)	-1.34**
受教育程度	8.08 (0.10)	7.61 (0.16)	0.47**
参加技术培训的次数	0.10 (0.01)	0.19 (0.04)	-0.09***
是否参加农业合作社	0.10 (0.01)	0.07 (0.02)	0.03
家庭收入水平	6.72 (0.72)	5.55 (0.33)	1.21
家庭人口数	2.67 (0.06)	3.34 (0.09)	-0.66***
外出务工人数	0.74 (0.04)	0.87 (0.07)	-0.13*
种植面积	9.53 (0.74)	5.48 (0.48)	4.05***
耕地中是否有山地/丘陵	0.14 (0.01)	0.35 (0.03)	-0.20***
机械作业服务总费用	99.25 (4.44)	88.04 (6.51)	11.21
耕地附近是否有机耕道	0.49 (0.02)	0.42 (0.03)	0.07*
耕地支持保护补贴到位	78.28 (6.89)	122.53 (17.88)	-44.25***
当地是否有焚烧处罚政策	0.63 (0.02)	0.67 (0.03)	-0.03

注：*、**、***分别表示在10%、5%、1%的水平上显著。括号内数字为系数的标准误。

五、模型估计与结果分析

本章利用二元离散 Logit 模型，采用极大似然方法进行参数估计，为解决扰动项的异方差、自相关等问题，采用稳健性回归估计，模型估计结果见表6-3中的（1）列、（2）列，（1）列、（2）列的区别在于（2）列中纳入了式（6-3）中的交叉项。考虑到因变量为1的数值较少，继续采用补对数—对数模型进行稳健性检验，估计结果见表6-3中的（3）列、（4）列，其中，（4）列也加入了式（6-3）中的交叉项。

二元离散 Logit 模型与补对数—对数模型的 LR 卡方检验值均通过了1%水平上的显著性检验，表示模型均具有较好的模型拟合度。由表6-3可知，二元离散 Logit 模型估计出来的结果与补对数—对数模型十分接近，表明在以粮食种植户保护性耕作行为为被解释变量的研究中，被解释变量不用被当作稀有变量。

关于核心解释变量粮食种植户对极端天气事件是否每年发生的感知。（1）至（4）列的粮食种植户是否感知极端天气事件每年发生这一变量的系数虽为正，但均不显著性，表明即使粮食种植户认为极端天气事件每年发生，其保护性耕作行为也不会增多。这与前文的预期结果不相符合，其原因可能在于，粮食种植户认为极端天气事件每年都会发生，表明其所在地区的气候条件本身较差，他们极可能已经适应了已有的气候条件。或者，粮食种植户倾向于只采用保护性耕作中的部分技术，例如，基于水土流失最为严重的黄土高原的调研数据，采用病虫草害、少耕免耕以及秸秆覆盖的农户比例较高，而采用深松技术的农户比例较低（李卫等，2017）。

关于家庭收入的变量。由表 6 - 3 的（1）列、（3）列可知，家庭收入水平变量的系数为负并在 1% 的水平上显著，但系数值较小，表明随着家庭收入水平的提高，粮食种植户保护性耕作行为有所减弱，但下降程度十分有限。当在模型（1）、模型（3）中加入农户感知与家庭收入水平的交叉项，模型（2）、模型（4）估计结果显示，家庭收入水平变量的系数依旧较小，但粮食种植户感知与中等收入交叉项的系数显著为负，表明在具有同样极端天气事件感知的粮食种植户中，与高等收入粮食种植户相比，中等收入的粮食种植户采用保护性耕作的可能性更低。

总的来说，单从外部自然环境来看，极端天气事件对粮食种植户保护性耕作行为的影响有限，但如果政府在某一地区进行保护性耕作推广，家庭收入水平是粮农保护性耕作决策的约束条件之一。其原因可能是，粮食种植户需要为保护性耕作行为支出额外的机械费用，加之保护性耕作效果的实现需要一定时间，粮食种植户无法当期收益，进而无法及时获得再次采用保护性耕作的成本费用。由此，高收入水平的粮食种植户能较容易地支付成本费用。

关于其他控制变量。由表 6 - 3 可知，户主性别对粮食种植户保护性耕作决策具有显著的负向影响。从边际效应来看，女性采用保护性耕作的平均概率更高，其可能的原因是，我国农业从业人员由以男性为主向以女性为主转变，或女性劳动力因为体力上的劣势等更倾向于使用劳动节约型技术。机械作业服务总费用变量的系数显著为负，表明粮食种植户机械投入费用越高，其采用保护性耕作的概率降低。耕地保护补贴变量的系数在 10% 的水平上显著，但系数值较小，表明补贴政策能小幅度地影响粮食种植户的保护性耕作行为。

表6-3 模型估计结果：粮食种植户感知、收入水平对其保护性耕作行为的影响

变量名称	（1） Logit 模型	（2） Logit 模型	（3） 补对数—对数模型	（4） 补对数—对数模型
粮食种植户感知①	0.007（0.020）	0.002（0.019）	0.008（0.019）	0.005（0.018）
家庭收入水平	-0.000*** （0.000）	-0.000** （0.000）	-0.000*** （0.000）	-0.000*** （0.000）
感知（低等收入）	—	-0.118 （0.082）	—	-0.198* （0.081）
感知（中等收入）	—	-0.114* （0.067）	—	-0.191*** （0.067）
性别	-0.056** （0.023）	-0.060** （0.023）	-0.070*** （0.025）	-0.076*** （0.025）
年龄	-0.000 （0.001）	-0.001 （0.001）	-0.001 （0.001）	-0.002 （0.001）
受教育程度	0.007** （0.003）	0.008** （0.003）	0.009*** （0.003）	0.011*** （0.003）
参加技术培训的次数	-0.022 （0.033）	-0.029 （0.036）	-0.021 （0.031）	-0.031 （0.035）
是否参加农业合作社	0.086* （0.047）	0.086* （0.049）	0.067 （0.042）	0.072 （0.044）
家庭人口数	0.026*** （0.007）	0.026*** （0.008）	0.029*** （0.008）	0.028*** （0.008）
外出务工人数	0.012 （0.010）	0.0167 （0.010）	0.0138 （0.011）	0.0203* （0.011）
种植面积	0.001* （0.000）	0.001 （0.001）	0.002*** （0.001）	0.002*** （0.001）
耕地中是否有 山地/丘陵	0.196*** （0.058）	0.179*** （0.054）	0.175*** （0.051）	0.162*** （0.046）

① 为确保表格的美观性，粮食种植户对极端天气事件是否每年发生的感知被简写为粮食种植户感知。

续表

变量名称	（1）Logit 模型	（2）Logit 模型	（3）补对数—对数模型	（4）补对数—对数模型
机械作业服务总费用	− 0.001 **	− 0.001 **	− 0.001 **	− 0.001 **
	(0.000)	(0.000)	(0.000)	(0.000)
耕地附近是否有机耕道	0.026	0.024	0.023	0.020
	(0.021)	(0.020)	(0.019)	(0.019)
耕地支持保护补贴到位	0.000 ***	0.000 **	0.000 *	0.000 **
	(0.000)	(0.000)	(0.000)	(0.000)
当地是否有焚烧处罚政策	− 0.034	− 0.034	− 0.036	− 0.035
	(0.034)	(0.034)	(0.035)	(0.033)
省份虚拟变量	是	是	是	是
样本量	897	897	897	897

注：*、**、*** 分别表示在10%、5%、1%的水平上显著。括号内数字为系数的标准误。

为了突出极端天气事件发生频率的变化，并具体考察极端天气事件发生频率对粮食种植户适应性行为的影响，本章把粮食种植户感知变量进一步细化，对问卷中的极端天气事件每年都会发生、2~4年发生一次、4~6年发生一次、6~8年发生一次、不定期发生的回答依次赋值0~4，并以多元分类解释变量替换式（6-2）中的二元分类解释变量，再次利用二元离散 Logit 模型与补对数—对数模型进行估计，模型估计结果见表6-4。由表6-4可知，两个模型的 LR 卡方检验值均在1%的水平上显著，模型拟合度较好。此外，实证结果显示，感知极端天气事件6~8年发生一次的变量的系数均显著为负。相较于认为极端天气事件每年发生的粮食种植户，认为极端天气事件6~8年发生一次的粮食种植户更不倾向采用保护性耕作。也就是说，极端天气事件的发生频率会影响粮食种植户保护性耕作行为。

表6-4　模型估计结果：极端天气事件发生频率对
粮食种植户保护性耕作行为的影响

变量名称	Logit 模型	补对数—对数模型
感知极端天气2~4年发生一次	− 0.033（0.025）	− 0.037（0.026）

续表

变量名称	Logit 模型	补对数—对数模型
感知极端天气 4~6 年发生一次	-0.014 (0.049)	-0.040 (0.047)
感知极端天气 6~8 年发生一次	-0.118 *** (0.016)	-0.123 *** (0.015)
感知极端天气不定期发生	0.027 (0.026)	0.033 (0.027)
性别	-0.054 ** (0.023)	-0.065 *** (0.025)
年龄	0.000 ** (0.000)	0.000 ** (0.000)
受教育程度	-0.000 (0.001)	-0.001 (0.001)
参加技术培训的次数	0.007 * (0.003)	0.008 ** (0.003)
是否参加农业合作社	-0.024 (0.030)	-0.024 (0.030)
家庭收入水平	-0.000 *** (0.000)	-0.000 *** (0.000)
家庭人口数	0.096 ** (0.047)	0.075 * (0.042)
外出务工人数	0.024 *** (0.007)	0.024 *** (0.008)
种植面积	0.012 (0.010)	0.012 (0.011)
耕地中是否有山地/丘陵	0.001 (0.000)	0.002 *** (0.000)
机械作业服务总费用	-0.000 ** (0.000)	-0.000 ** (0.000)
耕地附近是否有机耕道	0.019 (0.020)	0.016 (0.019)
耕地支持保护补贴到位	0.185 *** (0.055)	0.173 *** (0.049)
当地是否有焚烧处罚政策	-0.037 (0.033)	-0.039 (0.033)
省份虚拟变量	是	是
样本量	897	897

注：*、**、***分别表示在 10%、5%、1%的水平上显著。括号内数字为系数的标准误。

第七章　极端天气事件对水稻种植户要素投入的影响

本书第四至六章讨论了粮食种植户对气候变化的长期适应性行为。从长期看，他们有较充分的时间调整行为，以适应气候变暖的趋势或极端天气事件的频发。但从短期看，如果当年遭遇极端天气事件，农户能够利用的时间和采用的适应性措施都相对有限。已有文献开始关注农户对极端天气事件的短期适应性行为，对应的措施包括补苗补种、调整化肥等要素投入、采用抗涝品种、调整灌溉等，并且实证检验了极端天气事件对这些农户的短期适应性行为的正向影响（Huang et al.，2014；Wang et al.，2015）。但已有文献主要采用农户横截面或者短面板数据，少有文献利用农户长面板数据对农户的短期适应性行为进行分析。

化肥、种子、劳动等要素投入是确保当年粮食产出的基础。短时间内，粮食种植户可能根据天气条件调整要素投入。本章利用湖北气象站点地面气象资料中的日值气温、降水量数据，测算被调查村的雨涝灾害指数和高温热害指数。在此基础上，利用2003～2011年湖北农村固定观察点水稻调查户数据、雨涝灾害和高温热害指数，采用方差分析和面板数据固定效应模型，分析极端天气事件对湖北水稻种植户要素投入的影响。

一、极端天气事件指标的测算

（一）Z指数

雨涝灾害主要是由大雨和暴雨引发的，雨涝灾害的发生影响水稻的正常生长，严重时导致水稻减产或绝收。雨涝灾害对水稻生长的影响主要通过以下路径：一是农田被淹没，水稻作物被淹死，或者农田长期积水破坏植株正常的生理过程；二是农田土壤肥力流失，影响水稻在拔苗期的生长。

雨涝灾害能够被指标化，刘志雄、肖莺（2012）认为，Z指数作为长江流域单站干旱指标和旱涝等级划分标准比较合理。陈畅等（2015）也认为Z指数比降水距平法更适合分析四湖流域荆门、荆州等地区的旱涝情况。于文金等（2013）、廖小华等（2014）分别采用Z指数测算了长江流域各个站点及湖北十堰的旱涝等级。Z指数的优点是能够消除不同空间和时间的气候差异，具有时间和空间上的可比性，并且其在长江流域、湖北等地区的应用较为广泛。因此，综合湖北的气候特征及相关文献，本章选用Z指数来确定湖北单站点的雨涝发生情况及程度。

Z指数是对降水量进行测算的一种数学方法，由于降水量往往并不服从正态分布，现假设其分布为Person-Ⅲ分布，并将其转化成以Z为变量的标准正态分布，单站点Z指数公式为：

$$Z_i = \frac{6}{C_s}\left(\frac{C_s}{2}\varphi_i + 1\right)^{1/3} - \frac{6}{C_s} + \frac{C_s}{6} \qquad (7-1)$$

$$C_s = \frac{\sum_{i=1}^{n}(x_i - \overline{x})^3}{n\,\sigma^3} \qquad (7-2)$$

$$\varphi_i = \frac{x_i - \overline{x}}{\sigma} \qquad (7-3)$$

式（7-1）~（7-3）中，φ_i是标准化变量，C_s是偏态系数，两者均可由降水资料序列核算得出，x_i为降水序列，σ为标准偏差。本章参考李忠辉等（2016）的研究，根据各气象站点的Z值，对气象站点进行旱涝等级发生程度的划分，具体划分标准如下：$Z > 1.645$ 时为极涝；$1.037 \leq Z \leq 1.645$ 时为大涝；$0.842 \leq Z \leq 1.037$ 时为偏涝；$-0.842 \leq Z \leq 0.842$ 时属于接近正常。

（二）高温热害强度指标

高温热害影响水稻的正常生长发育。水稻高温热害通常是指，在水稻抽穗结实的过程中，外界气温过高，超过水稻生长所需，进而导致水稻空秕粒率上升、结实率下降、稻米品质变差及水稻减产的气象灾害（郑家国等，2003；王品等，2014；尹朝静，2017）。高温热害主要通过两条路径给水稻生长造成严重影响：

一是当环境温度超过了生长所需的适宜温度，气温影响水稻生长，如水稻开花当天遇到高温，高温极易导致小花不育，受精障碍；二是一段时间持续不降的高温进一步影响水稻正常生长（Berry and Bjorkan，1980）。

冯明等（2007）、万素琴等（2009）、陈升孛等（2013）都对高温热害指标进行了量化。本章把日最高温度超过35℃且持续时间超过3d或者3d以上作为测算高温热害指标的关键变量。具体而言，基于湖北气象站的日度气温数据和Logistic曲线方程，核算湖北水稻生长期的高温热害强度指数。关于水稻生长期的选择，确定湖北水稻受高温热害影响的时间是4~10月①。由此，高温热害强度指标的具体表达式为：

$$index = \sum_{i=1}^{n} \left(\frac{1}{1 + \alpha\, e^{-\beta H_i}} \times \frac{1}{1 + \gamma\, e^{-\lambda d_i}} \right) \tag{7-4}$$

在式（7-4）中，H_i表示湖北水稻生长期4~10月期间第i次高温热害发生时日最高气温大于35℃部分的和，称为高温热害积温；D_i表示湖北水稻生长期4~10月期间第i次高温热害发生时持续的天数；n指的是高温热害发生的总次数；α、β、γ、λ分别是Logistic模型中的参数，依次取值为54.799、0.176、724.151、0.878。由此，水稻生长期高温热害综合指数则由气象站点某一年的水稻生长期所有发生的高温热害指数累计而得。高温热害综合指数可以被划分为三个等级的强弱程度：当指数大于0小于等于0.1时，其代表轻度高温热害；当指数大于0.1小于等于0.6时，其代表中度高温热害；当指数大于0.6时，其为重度高温热害（高素华等，2009）。

二、研究方法和模型设定

本章采用面板固定效应模型分析气温变化、极端天气事件变化与水稻种植户要素投入之间的关系。相比于截面数据估计方法，面板数据估计方法能够在一定程度上消除由不可观测的个体差异，尤其是不随时间而变的个体差异带来的遗漏

---

① 时间选取依据参考中国农业物候图集（张福春等，1987）。

变量的问题（Descjemes and Greemstone，2007；Welch et al.，2009；Lobell et al.，2011）。

本章假设水稻种植户的生产函数形式如下：

$$Y_{i,t} = y(X_{i,t}, Z_{i,t}) \tag{7-5}$$

式（7-5）中，$Y_{i,t}$ 表示第 i 个水稻种植户第 t 年水稻作物的实际单产，$X_{i,t}$ 代表水稻生产过程中第 i 个水稻种植户第 t 年的要素投入；$Z_{i,t}$ 代表一系列的环境要素，如光照、降水、温度及极端天气事件等。进一步地，水稻种植户第 t 年的利润函数为：

$$\pi_{i,t} = p_t \cdot Y_{i,t} - w_t \cdot X_{i,t} \tag{7-6}$$

在式（7-6）中，w_t 是水稻生产过程中可变生产要素的价格向量，p_t 代表对应水稻作物的产品价格。假设不同地区水稻作物产品和其所需要素的价格相同，水稻种植户通过改变要素投入以实现预期利润最大化：

$$\max_{(X)} E(\pi_{i,t}) = E[p_t \cdot Y_{i,t} - w_t \cdot X_{i,t}] \equiv \max_X \int \{p_t \cdot y(X_{i,t}, Z_{i,t}) - w_t \cdot X_{i,t}\}$$
$$\phi(Z_{i,t})dZ_{i,t} \tag{7-7}$$

式（7-7）中，水稻价格和要素价格均是外生给定的，仅有 $Z_{i,t}$ 是随机变量，具有不确定性，$\phi(Z_{i,t})$ 代表的是随机变量的概率分布函数。再假定生产函数具有严格凹性，对预期利润最大化函数求解最优化可得：

$$X_{i,t} = x[p_t, w_t, \phi(Z_{i,t})] \tag{7-8}$$

通过式（7-8）可知，水稻种植户要素投入量的大小既取决于相关价格变量，又依赖于气候（分布）条件 $\phi(Z_{i,t})$。天气分布函数中可以包括丰富的内容，如基于温度、日照、降水等计算而得的均值、方差或标准差等，如果假设天气服从均匀分布，则有 $E(Z_{i,t}) = \bar{Z}_t$。

基于以上，本章把式（7-8）转换成计量经济学模型：

$$E(X_{i,t}) = \alpha + \beta \bar{Z}_t + c_i + \varepsilon_i \tag{7-9}$$

式（7-9）中，c_i 度量的是一些水稻种植户在农业生产中面临的不随时间而变的因素，如土壤等，用来解决由于数据限制和不可观测因素与气候因素相关而导致的内生性问题。β 度量的是预期天气对水稻种植户要素投入的影响。然而，天气因素具有不确定性，第 t 年的实际天气可能与预期存在偏差（Burke and Emerick，2015），由此，水稻种植户第 t 年的生产要素投入为：

$$X_{i,t} = \alpha + \beta \bar{Z}_i + \gamma [Z_{i,t} - \bar{Z}_i] + c_i + \varepsilon_i \qquad (7-10)$$

式（7-10）减去式（7-9），就可以得到年际变化的水稻种植户要素投入作为被解释变量的面板数据估计模型：

$$X_{i,t} - E(X_{i,t}) = \alpha + \gamma [Z_{i,t} - \bar{Z}_t] + \varepsilon_i \qquad (7-11)$$

式（7-11）恰好反映了面板数据的组间估计，随时间不变的c_i被差分掉，假设气候因素的年际变化是严格外生的，那么γ反映的是气候因素的年际变化对水稻种植户要素投入的边际影响。因为水稻种植户生产要素调整是农户的行为表现，所以如果气候因素的年际变化对水稻种植户要素投入的边际影响是显著的，代表水稻种植户对年际气候变动的短期适应性行为存在。基于以上，设定的计量经济学模型如下：

$$X_{(j)it} = \beta_{(j)0} + \beta_{(j)1}D_{it} + \beta_{(j)2}P_{it-1} + \beta_{(j)3}N_{it} + \beta_{(j)4}E_{it} + c_i + \varepsilon_{(j)it} \qquad (7-12)$$

式（7-12）中，$X_{(j)it}$为因变量，表示i水稻种植户第t年的j种要素投入（$j=1$、$j=2$、$j=3$分别表示中间投入、机械投入及劳动力投入）；D_{it}为气候因素变量，包括雨涝灾害年份虚拟变量（$D_{it}=0$表示正常年份，$D_{it}=1$表示雨涝灾害年份）、当年平均气温及其平方项、高温热害综合指数；P_{it-1}表示i水稻种植户第$t-1$年出售水稻的价格；N_{it}为i水稻种植户第t年连续型的解释变量，主要包括农田水利建设支出、耕地面积、耕地细碎化程度及家庭劳动力规模；E_{it}为i水稻种植户第t年离散型的解释变量，包括是否受过职业教育或技术培训、是否为国家（乡、村）干部、家庭类型、家庭收入主要来源。β为待估参数，$\varepsilon_{(j)it}$为随机扰动项。

三、数据来源和变量说明

湖北是中国重要的粮食生产基地，其水稻种植面积约占全国的一半或以上。近年来，长江中下游地区极端强降水事件明显增多，长江流域的洪涝主要发生在其中下游地区，特别是湖南、安徽、湖北等地。湖北遭受着极端天气事件的影响，表现为强降水天气发生频率增加。吴启侠等（2016）指出湖北省水稻生长季降水发生明显变化，尤其是平原区域，夏季频发强降水，稻田易遭遇雨涝灾害。与此同时，湖北省水稻高温热害现象也不断加重，给水稻生产带来危害（尹朝静等，2017）。

本章的农户及村级层面的数据均来自 2003～2011 年湖北农村固定观察点水稻调查户数据，笔者在剔除异常值和缺失值后，得到 2003～2011 年共 2619 个水稻种植户样本数据，每年均包括 291 个水稻种植户。样本水稻种植户的地区分布情况见表 7-1。由表 7-1 可知，样本水稻种植户所在地区基本涉及了湖北省大部分水稻种植地区，所以，样本在湖北具有一定代表性。研究区域包括了鄂东、鄂中、鄂东南、鄂西南、鄂西北及江汉平原稻区，其中，鄂西南山地单季稻区样本量最少，江汉平原双季稻区样本量最大。需要补充的是，调查的水稻种植户包括了单季稻和双季稻的种植户。

表 7-1　水稻种植户样本的地区分布

村名	县（市）名	所属市	所属种植带
尹家嘴村	汉川市	孝感市	江汉平原双季稻区
新桥村	荆州区	荆州市	江汉平原双季稻区
习桥村	天门市	天门市	江汉平原双季稻区
伏牌村	襄阳区	襄阳市	鄂中丘陵岗地单季稻区
庄溪村	长阳土家族自治县	宜昌市	鄂西南山地单季稻区
川大河村	宣恩县	恩施市	鄂西南山地单季稻区
关帝庙村	郧县	十堰市	鄂西北山地单季稻区
洪山村	新洲区	武汉市	鄂东丘陵岗地双季稻区
还地桥村	大冶市	黄石市	鄂东丘陵岗地双季稻区
双塘村	浠水县	黄冈市	鄂东丘陵岗地双季稻区
明星村	咸安区	咸宁市	鄂东南低山丘陵双季稻区
新桥冯村	通山县	咸宁市	鄂东南低山丘陵双季稻区

本章利用湖北气象站点地面气象资料的日值降水量、气温数据，测算被调查村的雨涝灾害（Z 指数）和高温热害强度指数。具体而言，测算 Z 指数的数据来

粮食种植户对气候变化的适应性行为及其效应研究

自国家气象局 4~10 月的日平均降水量数据；测算高温热害的数据来自国家气象局 4~10 月的日最高温度数据；测算平均温度的数据来自国家气象局 4~10 月的日平均温度数据。为了更好地匹配湖北农村固定观察点调查数据与气象数据，以距离村最近的城镇气象站数据代表该村的气候条件特征。

本章的被解释变量是水稻种植户要素投入，包括中间投入、机械投入、劳动力投入。每亩农家肥费、种苗费、农膜费、化肥费、农药费的总和构成水稻种植户的中间投入；每亩水电及灌溉费用、畜力费和机械作业费的总和构成水稻种植户的机械投入；每亩劳动力的投工日构成水稻种植户的劳动力投入。另外，本章所有涉及价值的投入及支出变量，均以 2003 年为基准年份，采用湖北省农村居民消费价格指数（CPI）进行调整。

控制变量包括是否受过职业教育或技术培训、是否为国家干部、家庭类型、家庭收入主要来源、农田水利建设支出、耕地面积、耕地细碎化程度及水稻价格、家庭劳动力规模。是否受过职业教育或技术培训、家庭类型及家庭劳动力规模反映了水稻种植户的人力资本，家庭中如果有人接受过技术培训就取 1，反之取 0；家庭劳动力规模用人数来表示。是否为国家干部反映了水稻种植户的社会资本，是则为 1，反之为 0。家庭类型是分类变量，具体包括核心家庭、直系家庭、扩展家庭、不完全家庭及其他，此处以核心家庭为基准。农田水利基本建设支出来衡量村级基础设施建设情况。家庭收入主要来源反映了物质资本，共包括六类，分别为家庭经营为主、私营企业经营为主、受雇劳动者为主、受雇经营者为主、国家干部职工工资为主及其他，此处以家庭经营为主为基准。这里以农户耕地面积和耕地细碎化程度来表征水稻种植户的自然资本，其中耕地细碎化等于年末的经营平均每块耕地面积，单位为亩/块。最后，价格因素用农户上一年农产品水稻的出售价格来衡量。

各变量的描述性统计见表 7-2，由其可知，水稻种植户的水稻中间投入的均值为 135.63 元/亩，水稻中间投入的最大值和最小值分别为 671.40 元/亩、13.92 元/亩。水稻种植户的水稻机械投入、劳动力投入量的均值分别是 57.92 元/亩、23.78 日/亩。不同地区在农田水利建设支出上存在明显差异，标准差大小为 875.18，最小值为 0。水稻价格的最大值是 1.63 元，最小值为 1 元，标准差为 0.4。

表7-2 因变量及相关自变量的描述性统计

变量	均值	标准差	最小值	最大值
水稻中间投入（元/亩）	135.63	79.63	13.92	671.40
水稻机械投入（元/亩）	57.92	53.77	0.20	550.39
劳动投工量（日/亩）	23.78	19.47	6.25	100.00
是否为国家干部	0.93	0.25	0.00	1.00
是否受过职业教育或技术培训	0.97	0.17	0.00	1.00
耕地细碎化程度（亩/块）	1.18	0.87	0.00	11.90
家庭类型	1.39	0.63	1.00	5.00
家庭收入主要来源	1.51	1.04	1.00	6.00
家庭劳动力数量（人）	2.41	1.12	1.00	8.00
水稻价格（元/千克）	1.63	0.40	1.00	2.30
耕地面积（亩）	3.99	3.01	0.15	23.40
农田水利建设支出（百元）	334.89	875.18	0.00	7183.39

四、核算结果及分析

（一）湖北水稻生长期的高温热害指数

通常上讲，高温热害综合指数的数值越大，高温热害情况越严重。湖北水稻生长期2003～2011年的高温热害强度指数测算结果见附表2。由附表2的最后一行可知，除了2003年、2009年的高温热害综合指数大于1，其余年份的高温热害综合指数均小于1。2003年各气象站点的平均高温热害综合指数是1.20，表明湖北2013年发生了较为严重的高温热害，这与事实较为一致，2003年湖北的高温热害的确造成湖北农作物严重减产。高温热害指数平均值排名第二的是2009

年，数值为 1.05，表明 2009 年各气象站点平均高温热害综合指数也较高。2008
年的高温热害综合指数为 0.05，该数值最小，表明 2008 年湖北的高温热害较
轻或基本没有发生高温热害现象。整体而言，从平均值来看，2003～2011 年
湖北水稻生长期高温热害现象并不十分普遍，只是个别年份的高温热害较为
明显。

（二）湖北水稻生长期的雨涝灾害指数

湖北水稻生长期 2003～2011 年的雨涝灾害指数（Z 指数）测算结果见附表
3。由其可知，2003～2011 年湖北省发生偏涝的频率为 0.08，出现大涝的频率为
0.10，无任何雨涝灾害的频率是 0.81，说明 9 年间湖北以正常年为主，偏涝多于
大涝，极涝并未出现。2003～2011 年湖北不同地区的雨涝灾害等级有所不同，
大涝、偏涝发生区域较为集中。大涝主要集中于鄂东丘陵岗地双季稻区、鄂东
南低山丘陵双季稻区及鄂西北山地单季稻区，这一结论与邓爱娟等（2012）的
强降水中心多发生在鄂东南地区这一结论较为一致。偏涝主要集中于鄂西南山
地单季稻区、鄂东丘陵岗地双季稻区、鄂中丘陵岗地单季稻区、江汉平原双季
稻区。

（三）方差分析

考虑到湖北水稻生长期的雨涝灾害更为频繁，本章以 Z 指数为标准将每一年
份划分为正常年或者雨涝灾害年，在此基础上构建 F 统计量，进行方差分析，以
考察正常年和雨涝灾害年水稻种植户的要素投入是否存在显著差异。方差分析结
果见表 7-3，由其可知，是否发生雨涝灾害影响了水稻种植户的要素投入行为。
雨涝年份水稻种植户平均每亩耕地投入的中间费用、机械费用，劳动力投入的均
值分别为 142.08 元/亩、70.24 元/亩、24.46 日/亩。正常年对应的要素投入均
值分别为 134.18 元/亩、55.16 元/亩、20.70 日/亩。总体来看，与正常年份相
比，雨涝年份水稻种植户的中间投入、机械投入均值分别增加 7.90 元/亩、
15.08 元/亩，而劳动力投入的均值增加了 3.76 日/亩。由 F 值及 Sig 的结果可
知，正常年份和雨涝年份水稻种植户的中间、机械及劳动力投入均存在较为显著
的差异。

表7-3　湖北水稻种植户要素投入的方差分析

		中间投入（元/亩）	机械投入（元/亩）	劳动力投入（日/亩）
正常年份	均　值	134.18	55.16	20.70
	标准差	81.75	50.93	20.35
	样本数	2142.00	2142.00	2142.00
雨涝年份	均　值	142.08	70.24	24.46
	标准差	68.55	63.53	14.44
	样本数	478.00	478.00	478.00
方差分析	F 值	2.70	2.70	2.70
	Sig	0.04	0.00	0.00

五、模型估计与结果分析

方差分析无法控制关键变量以外其他变量对水稻种植户要素投入的影响，且不能反映雨涝灾害对要素投入的影响程度，为了进一步探析气温、雨涝灾害、高温热害对水稻种植户要素投入的影响程度，本章采用面板固定效应模型开展进一步分析。因为固定效应模型显示模型不存在时间效应，故采用单向固定效应模型，模型估计结果见表7-4。

表7-4　固定效应模型估计结果：极端天气事件对稻农要素投入的影响

	中间投入	机械投入	劳动力投入
雨涝年份虚拟变量	-5.741*** （1.283）	-12.770** （5.277）	5.417* （2.841）
高温热害综合指数	-1.571 （1.022）	-3.263 （4.202）	2.859 （2.262）
平均温度	-37.570 （31.600）	-52.360 （130.0）	16.760 （69.970）
平均温度平方项	0.723 （0.666）	0.939 （2.739）	-0.325 （1.475）
是否是干部	1.429 （2.893）	1.971 （11.900）	-4.300 （6.406）
是否接受过培训	2.102 （2.943）	18.770 （12.110）	2.958 （6.517）

续表

	中间投入	机械投入	劳动力投入
耕地细碎化	−0.283（0.591）	−1.779（2.429）	0.076（1.308）
直系家庭	0.787（1.429）	−0.204（5.875）	0.237（3.163）
扩展家庭	10.440*（5.354）	10.960（22.020）	−3.876（11.860）
不完全家庭	0.097（4.104）	−11.380（16.880）	10.720（9.087）
其他	−13.260（13.870）	−20.960（57.040）	−25.580（30.710）
私营企业经营为主	5.151（8.114）	−4.274（33.370）	−10.850（17.970）
受雇劳动者为主	0.429（1.556）	6.886（6.401）	−0.902（3.446）
受雇经营者为主	15.740***（4.633）	63.230***（19.060）	26.770***（10.260）
公职工资收入为主	−4.743（7.413）	−15.040（30.490）	−27.940*（16.410）
其他	0.255（4.894）	5.653（20.130）	5.067（10.840）
家庭劳动力数	0.307（0.424）	−0.258（1.742）	0.501（0.938）
水稻价格	6.112***（1.246）	32.990***（5.125）	10.040***（2.759）
耕地面积（亩）	−3.158***（0.310）	−14.830***（1.275）	−5.123***（0.686）
农田水利建设支出	−0.000（0.000）	−0.003（0.002）	−0.002（0.001）
常数项	498.600（374.6）	776.300（1,541）	−185.100（829.4）
样本量	2619	2619	2619
R^2	0.093	0.102	0.044
F统计量	5.20***	3.26***	7.13***

注：***、**和*分别表示1%、5%和10%的显著性水平。括号内数字为系数的标准误。

由表7−4第2列（中间投入）估计结果可知，在其他条件不变的前提下，是否发生雨涝灾害变量的系数在1%的水平上显著，与未发生雨涝灾害年份相比，雨涝灾害年水稻种植户的中间投入水平更低。其可能的解释是，一是过量的雨水导致农户的灌溉用水费用降低；二是雨涝灾害危害农作物的正常生长，严重时导致农作物减产或绝收，在此条件下农户也无须在当年投入中间费用。由表7−4中第3列（机械投入）估计结果可知，在其他条件不变的前提下，是否发生雨涝灾害变量的系数在5%的水平上显著，与未发生雨涝灾害年份相比，雨涝灾害年水稻种植户的机械投入水平更低。其可能的解释是，机械作业的重要作用性体现在农机排涝或者庄稼抢收等方面，但雨涝灾害导致稻田积水、道路泥泞，即使花费一定排涝成本也并不能保证庄稼抢收的顺利进行，由此农户在权衡成本收益后选择减少机械投入。

由表7-4中第4列（劳动力投入）估计结果可知，在其他条件不变的前提下，是否发生雨涝灾害变量的系数在10%的水平上显著，与未发生雨涝灾害年份相比，在雨涝灾害年下水稻种植户的劳动力投入水平更高。其原因可能在于，强降水造成稻田局部雨涝，水稻种植户为降低雨涝造成的损失，会及时采用排水救苗、洗苗扶正等措施。针对排水救苗，稻农则需要疏通沟渠，及时排水以降低淹没稻苗的水位，此时还需要清除沟渠杂草等以确保顺利排水，而这一系列工作在某种程度上增加了单位面积的劳动力投入量。关于洗苗扶正，通常情况下，积水退去后，稻株身体上会附着污物，农民需对其进行清洗以维持植株正常的蒸腾作用，同时为保证水稻上部的光合作用，农户还需要对倾倒的稻株进行扶正，这无疑也会增加单位面积的劳动力投入。这一系列结果表示水稻种植户会对雨涝灾害做出相应反应。

平均温度及其二次项变量的系数均未通过显著性检验，表明基于湖北水稻种植户的数据，农户未对平均温度的年际变化做出相应的要素调整，这与Burke和Emerick（2015）研究结论较一致，他们曾指出针对年际气温、降水量的变化，农民较难采用适应性措施。此外，高温热害强度指数变量的系数也未通过显著性检验。

本章在考察气温变化、高温热害变化、雨涝灾害发生与否对水稻种植户要素投入影响的基础上，继续探讨雨涝灾害发生程度对水稻种植户要素投入的影响，即把雨涝灾害年份虚拟变量还原成连续变量Z指数，继续采用面板数据模型进行分析，固定效应模型估计结果见表7-5。由此可知，雨涝灾害发生程度变量Z指数对农户中间投入仍然具有显著的负向影响，表明极端降水量发生程度的增加导致水稻种植户的中间投入减少。另外，表7-5中第4列（劳动力投入）的雨涝灾害发生程度变量的系数在1%水平上显著为负，表明雨涝灾害发生程度变量Z指数对水稻种植户劳动力投入具有显著的负向影响，这一结论与表7-4的结果有所不同，但仍符合常识，严重的气象灾害导致农户更多地选择非农就业，这与Sesmero等（2018）的观点较为一致。

表7-5　固定效应模型估计结果：极端天气事件发生程度对稻农要素投入的影响

	中间投入	机械投入	劳动力投入
雨涝灾害发生程度	-34.350*** (9.415)	1.664 (5.080)	-11.510*** (2.290)
高温热害综合指数	1.267 (4.493)	3.483 (2.425)	-0.311 (1.093)
平均温度	27.620 (129.9)	1.822 (70.120)	-7.401 (31.610)
平均温度平方项	-0.861 (2.746)	-0.023 (1.482)	0.054 (0.668)
是否是干部	1.101 (11.880)	-4.316 (6.413)	1.155 (2.891)
是否接受过培训	18.190 (12.090)	2.841 (6.523)	1.953 (2.940)
耕地细碎化	-2.006 (2.422)	0.207 (1.307)	-0.396 (0.589)
直系家庭	-0.513 (5.867)	0.099 (3.166)	0.730 (1.427)
扩展家庭	10.890 (21.980)	-4.475 (11.860)	10.600** (5.347)
不完全家庭	-11.570 (16.850)	11.000 (9.093)	-0.049 (4.099)
其他	-24.640 (56.970)	-25.950 (30.740)	-14.320 (13.860)
私营企业经营为主	-2.606 (33.320)	-10.82 (17.980)	5.676 (8.106)
受雇劳动者为主	7.631 (6.395)	-0.884 (3.451)	0.663 (1.556)
受雇经营者为主	64.380*** (19.030)	27.000*** (10.270)	16.040*** (4.629)
公职工资收入为主	-16.790 (30.450)	-28.480* (16.430)	-5.135 (7.406)
其他	6.557 (20.100)	5.010 (10.850)	0.562 (4.889)
家庭劳动力数	-0.097 (1.738)	0.428 (0.938)	0.381 (0.423)
水稻价格	31.040*** (5.137)	10.220*** (2.772)	5.432*** (1.250)
耕地面积	-14.850*** (1.272)	-5.151*** (0.687)	-3.156*** (0.310)
农田水利建设支出	-0.002 (0.003)	-0.002 (0.001)	-0.001 (0.001)
常数项	-87.610 (1536)	-1.674 (828.9)	166.000 (373.7)
样本量	2619	2619	2619
R^2	0.105	0.043	0.095
F统计量	5.23***	3.25***	7.18***

注：***、**和*分别表示1%、5%和10%的显著性水平。括号内数字为系数的标准误。

第八章 粮食种植户适应性
行为的生产效应

在气候变暖与极端天气事件频发的背景下，粮农能否对其做出适应性反应是实现趋利避害的关键所在。那么，粮食种植户对气候变化的适应性行为是否影响粮食产出，促进粮食增产？如果粮食种植户的适应性行为具有规避风险或降低损失的作用，其与农户过量施用化肥的风险规避行为之间的关系如何？本章首先基于笔者调查而得的粮食种植户横截面数据，利用内生转换模型，分析粮食种植户的适应性行为对粮食产量的影响；其次，为保证结果的稳健性，基于分样本小麦、玉米种植户的数据，采用内生转换模型，考察小麦种植户的适应性行为对小麦单产的影响，以及玉米种植户的适应性行为对玉米单产的影响；最后，利用内生转换模型分析粮食种植户适应性行为对化肥投入费用的影响。为分析粮食种植户适应性行为对化肥投入费用影响的边际效应，本章进一步采用处理效应模型分析粮食种植户适应性行为对化肥投入费用的边际影响。

一、粮食种植户的适应性行为对粮食产出的影响

（一）模型设定与变量说明

1. 粮食种植户适应性行为对粮食产出影响的模型

粮食种植户适应性行为对粮食产出的影响涉及两个阶段：第一阶段是粮食种植户是否采用适应性措施，即粮食种植户的适应性行为选择。在已有研究中，该

模型的分析框架包括期望效用理论（杨宇等，2016）、效用最大化理论（蔡荣等，2018；冯晓龙等，2017）和预期净收益分析框架（Abdulai and HuffMan，2004；Ma and Abdulai，2016；Huang et al.，2015）。其中，期望效用理论的逻辑是，当农户认为采用某一措施后获得的期望效用大于未采用时，他们才会采取措施；效用最大化理论的思路是，如果采用某一技术给农户带来的效用与未采用时的效用之差大于0，农户会做出采用的决策；预期净收益分析框架是指，只有当预期净收益大于0时，农户才会采用措施。

本章利用预期净收益分析框架，假设粮食种植户是风险中性的，并且假设粮食种植户 i 采用适应性措施的预期净收益是 A_{ic}^*，未采用适应性措施的预期净收益是 A_{in}^*。如果定义采用与未采用适应性措施的预期净收益之间的差值是 A_i^*，那么粮食种植户 i 采用适应性措施的条件是 $A_i^* = A_{ic}^* - A_{in}^* > 0$。然而，$A_i^*$ 不能被直接观察到，但能够被表示为可观测变量的方程，表达式如下：

$$A_i^* = L_i\alpha + \eta_i, \quad A_i = 1 \, if A_i^* > 0 \qquad\qquad (8-1)$$

在式（8-1）中，A_i^* 表示的是粮食种植户适应性行为的潜变量，无法被观测；A_i 表示的是粮食种植户适应性措施采用与否，它是一个二分类变量，[1] 当粮食种植户采用适应性措施时 A_i 为1，反之为0；L_i 表示的是影响粮食种植户适应性行为的外生变量；α 代表待估参数；η_i 表示随机误差项。

在基础阶段之后，进一步构建粮食种植户适应性行为对粮食单产影响的模型。粮食产出模型设定如下：

$$Y_i = M_i\beta + A_i\gamma + \varepsilon_i \qquad\qquad (8-2)$$

在式（8-2）中，Y_i 表示粮食种植户 i 的单位面积粮食总产量；A_i 表示粮食种植户适应性行为；M_i 表示一系列解释变量，如生产要素投入、户主特征等；β、γ 是待估系数；ε_i 是随机误差项。其中，粮食种植户适应性行为变量 A_i 是内生变量。粮食种植户是否采用适应性措施取决于其内在特征，并非完全随机。因此，对式（8-2）进行最小二乘估计将导致估计结果有偏。另外，不可观测的因素可能同时影响粮食种植户适应性行为方程（8-1）中的随机误差项 η_i 和产出方程（8-2）中的随机误差项 ε_i，造成误差项之间相关。忽视自选择偏误将导致估计结果的不一致。例如，粮食单产低于平均水平的粮食种植户更倾向于采用适应性

---

① 为全面地反映农户适应性行为对粮食单产的影响，本章的适应性措施包括调查问卷中的所有措施。

措施，这将导致负选择性偏误；或者粮食单产高于平均水平的粮食种植户更倾向于采用适应性行为，这将导致正选择性偏误。

在基于非实验的调查数据分析中，倾向得分匹配方法可以解决自选择偏误问题。然而，该方法只能解决可观测变量的异质性，并不能解决不可观测变量的异质性（Ma and Abdulai，2016）。因此，本章采用内生转换模型（Endogenous Switching Regression Model，ESR）以解决由可观测和不可观测变量带来的样本自选择问题。

内生转换模型包括两个阶段，第一阶段是粮食种植户适应性措施采用与否，表达式见式（8-1）。在第二阶段，采用与未采用适应性措施粮食种植户的粮食单产模型分别为：

$$Y_{1i} = M'_i \beta_{1i} + \varepsilon_{1i} \quad \text{if } A_i = 1 \tag{8-3a}$$

$$Y_{2i} = M'_i \beta_{2i} + \varepsilon_{2i} \quad \text{if } A_i = 0 \tag{8-3b}$$

式（8-3a）、式（8-3b）中，Y_{1i} 和 Y_{2i} 分别表示采用与未采用适应性措施粮食种植户的粮食单产（以 log 形式呈现）；M'_i 表示一系列能够影响粮食单产的外生变量；β_{1i} 及 β_{2i} 为待估计参数。

虽然式（8-1）中变量 L_i 与变量 M'_i 允许重叠，但为了确保模型的可识别性，变量 L_i 至少有一个变量不出现在 M'_i 中。一个有效的工具变量能够影响粮食种植户适应性行为，但不能影响粮食单产。本章借鉴已有研究成果（Huang et al.，2015；唐利群等，2017；杨宇等，2016），选取农户能否获得来自政府或者其他组织提供的气象信息服务作为工具变量。为检验工具变量的有效性，本章将采用两种方法进行考察：一是对粮食种植户适应性行为进行简单 Probit 回归，并且对粮食单产进行最小二乘回归，以判断工具变量是否显著影响粮食种植户适应性行为，而不显著影响粮食单产；二是进行相关性检验，以判断工具变量是否与粮食种植户适应性行为相关，与粮食单产不相关。检验结果显示，工具变量与粮食种植户适应性行为的相关系数在 1% 水平上显著，与粮食单产的相关系数未通过显著性检验，由此，粮食种植户能否获得来自政府或者其他组织提供的气象信息服务满足工具变量的要求。

式（8-3a）、式（8-3b）中的 M'_i 考虑了可观测变量，在一定程度上解决了选择性偏误问题。然而，不可观测因素仍然能够导致适应性行为方程与产出方程中的误差项相关。内生转换模型可以解决由可观测和不可观测变量带来的选择性偏误问题。在估算过适应性行为方程以后，将逆米尔斯比率λ_1、λ_2以及协方差 Cor（η_i，ε_{1i}）=$\sigma_{\eta1}$、Cor（η_i，ε_{2i}）=$\sigma_{\eta2}$引入到式（8-3a）、式（8-3b）中：

$$Y_{1i} = M'_i\beta_{1i} + \sigma_{1\eta}\lambda_1 + \gamma_1 \quad \text{if } A_i = 1 \tag{8-4a}$$

$$Y_{2i} = M'_i\beta_{2i} + \sigma_{2\eta}\lambda_2 + \gamma_2 \quad \text{if } A_i = 0 \tag{8-4b}$$

式（8-4a）、式（8-4b）中的逆米尔斯比率λ_1、λ_2控制由不可观测因素带来的选择性偏误；误差项γ_1、γ_2满足条件均值为零的假设。依据 LokShin 和 Sajaia（2004）的研究，采用完全信息极大似然法（Full - inforMation ML Method, FILM）同时估计粮食种植户适应性行为模型和粮食单产模型，即式（8-1）、式（8-3a）、式（8-3b）。

对式（8-1）、式（8-3a）、式（8-3b）中L_i、M'_i进行具体化，则M'_i包括户主特征、家庭特征、土地特征以及生产要素投入、气候因素指标（1986~2014年的多年平均气温、1986~2014年的多年平均累积降水总量；农户对2015年是否是灾害年感知的二分类变量，1表示农户认为2015年是灾害年，反之则为0）；L_i除包括M'_i中涉及的变量以外，还包括二分类的工具变量（1表示农户能获得来自政府或者其他组织提供的气象信息服务，反之为0）。

2. 粮食种植户适应性行为的处理效应评估

真实情景下，采用与未采用适应性措施的粮食种植户的粮食单产期望值方程如式（8-5）、式（8-6）所示：

$$E(y_{1i} \mid A_i = 1) = M'_i\beta_{1i} + \sigma_{1\eta}\lambda_{1i} \tag{8-5}$$

$$E(y_{2i} \mid A_i = 0) = M'_i\beta_{2i} + \sigma_{2\eta}\lambda_{2i} \tag{8-6}$$

在反事实假设情景下，采用适应性措施的粮食种植户如果未做出采用决策，其粮食单产期望值的方程如式（8-7）所示：

$$E(y_{2i} \mid A_i = 1) = M'_i\beta_{2i} + \sigma_{2\eta}\lambda_{1i} \tag{8-7}$$

在反事实假设情景下，未采用适应性措施的粮食种植户如果做出采用决策，其粮食单产期望值的方程如式（8-8）所示：

$$E(y_{1i} \mid A_i = 0) = M'_i\beta_{1i} + \sigma_{1\eta}\lambda_{2i} \tag{8-8}$$

由此，粮食种植户适应性行为对粮食单产的影响可以通过两种方式体现出来：一是处理组的平均处理效应，通过式（8-5）与式（8-7），能够得到采用适应性措施的农户的平均处理效应（ATT）。二是控制组的平均处理效应，通过式（8-6）与式（8-8），能够得到未采用适应性措施的农户的平均处理效应

（ATU）。由于平均处理效应考虑了样本选择偏差问题，故 ATT 与 ATU 是粮食种植户适应性行为为对粮食单产影响的无偏估计量。

$$ATT = E(y_{1i} \mid A_i = 1) - E(y_{2i} \mid A_i = 1) = (\beta_{1i} - \beta_{2i})M'_i + (\sigma_{1\eta} - \sigma_{2\eta})\lambda_{1i}$$
$$(8-9)$$

$$ATU = E(y_{1i} \mid A_i = 0) - E(y_{2i} \mid A_i = 0) = (\beta_{1i} - \beta_{2i})M'_i + (\sigma_{1\eta} - \sigma_{2\eta})\lambda_{2i}$$
$$(8-10)$$

（二）变量的描述性统计

为保证模型的识别性，本章借鉴 Huang 等（2014）、Falco 等（2011）等的研究，在第五章的内外约束变量中选择了个体特征、家庭特征、土地特征、气候因素等变量，并且还加入了农户要素投入变量。各个变量的名称、定义、单位及描述性统计的具体内容见表 8-1，采用与未采用适应性措施的粮食种植户间各个变量均值的差异检验结果见表 8-2。

由表 8-1 可知，粮食种植户适应性行为的均值是 0.79，方差是 0.43，表明 79%粮食种植户会采用适应性措施。平均粮食单产是 693.84 斤/亩；单位面积劳动力投入、机械投入、化肥投入的平均值是 6.30 工日/亩、96.15 元/亩、193.84 元/亩。农户的平均年龄是 52 岁；87%的家庭户主是男性。户主的平均受教育年限是 8 年，表明户主的受教育水平是初中水平。家庭人口数、家庭拥有的手机的数量的平均值是 3。家庭是否有人参与合作组织、担任村干部的平均比例分别是 9%、3%。农户所在地区 1986～2014 年多年平均气温的平均值 14.66℃，1986～2014 年累积降水总量的平均值是 842.38mm。

表 8-1 被解释和解释变量的定义、单位与统计性描述

变量名称	变量定义/单位	最大值	最小值	平均值	方差
因变量					
适应性行为	农户采用适应性措施中的其中一种则为 1，否则为 0	1	0	0.79	0.43
粮食单产	单位面积粮食总产量（斤/亩）	1100	288	693.84	60.65
自变量					
生产要素投入					

变量名称	变量定义/单位	最大值	最小值	平均值	方差
劳动力投入	工日/亩	23.78	19.47	6.30	100
机械投入	元/亩	833.33	0	96.15	11.03
化肥投入	元/亩	240	0	193.84	60.64
户主个体特征					
性别	男性=1，女性=0	1	0	0.87	0.33
年龄	年	74	25	52.34	8.69
受教育年限	年	20	0	7.95	2.64
家庭特征					
家庭人口数	人/户	7	1	2.86	1.52
参与合作组织	是=1，否=0	1	0	0.09	0.29
是否是村干部	是=1，否=0	1	0	0.03	0.18
家庭拥有手机数量	部/户	5	1	2.83	1.03
粮食种植面积	亩	16	1	4.42	13.16
气候因素					
多年平均气温	1986～2014年气温的平均值（℃）	17.46	7.19	14.66	3.02
多年降水总量	1986～2014年累积降水总量的平均值（mm）	1269.45	500.155	842.38	253.09
今年是否是灾害年	农户对2015年是否发生极端天气事件的感知，是=1，否=0	1	0	0.75	0.42
工具变量					
农户能否获得气象信息服务	能否获得来自政府或者其他组织提供的气象信息服务，是=1，否=0	1	0	0.24	0.41

采用与未采用适应性措施者的变量均值差异检验结果呈现在表8-2中，由表8-2可知，采用与未采用适应性措施者之间的粮食单产的均值明显不同，采用适应性措施粮食种植户的粮食单产是771.81斤/亩，明显高于未采用者（389.59斤/亩），表明适应性行为可能有助于增加粮食单产。不过，在没有控制其他因素的作用下，这一结论还有待于实证检验。生产要素投入方面，采用措施者的劳动力、化肥投入分别为8.44工日/亩、147.43元/亩，明显高于未采用者，表明采用措施粮食种植户的劳动力、化肥投入较多。户主个体特征方面，采用与

未采用农户之间的性别、年龄变量的均值明显不同，平均而言，采用适应性措施者的年龄偏大，且多是男性。家庭特征方面，是否是村干部变量的均值差异结果是负，其余家庭特征变量的均值差异结果为正，表明家庭是否是村干部可能对适应性行为具有负向影响。气候因素方面，多年平均气温、多年平均累积降水总量的差异未达到显著性水平检验。最后，粮食种植户是否能获得气象信息服务变量的均值差异在1%水平上显著。

表8-2　采用与未采用适应性措施者的变量均值差异检验

变量名称	采用者	未采用者	差异
因变量			
适应性行为选择	1.00	0.00	—
粮食单产	771.81（22.96）	389.59（34.53）	382.21***
自变量			
生产要素投入			
劳动力投入	8.44（0.38）	4.24（0.38）	4.20***
机械投入	96.62（3.97）	94.31（9.27）	2.31
化肥投入	147.43（4.99）	76.97（6.21）	70.46***
户主个体特征			
性别	0.88（0.01）	0.84（0.03）	0.04*
年龄	53.11（0.33）	49.49（0.55）	3.62***
受教育年限	7.92（0.10）	8.07（0.17）	-0.15
家庭特征			
家庭人口数	3.08（0.05）	2.01（0.12）	1.07***
参与合作组织	0.11（0.01）	0.04（0.02）	0.07**
是否是村干部	0.03（0.00）	0.06（0.02）	-0.04**
家庭拥有手机数量	3.24（0.13）	2.67（0.07）	0.56**
种植面积	4.83（0.57）	2.83（0.16）	1.99*
气候因素			
多年平均气温	14.62（0.12）	14.83（1.30）	-0.27
多年平均降水总量	836.2（9.92）	866.4（14.71）	-30.28
今年是否是灾害年	0.79（0.01）	0.58（0.04）	0.22***
工具变量			
粮食种植户能否获得气象信息服务	0.25（0.01）	0.05（0.02）	-0.19***

注：*、**、***分别表示在10%、5%、1%的水平上显著。括号内数字为系数的标准误。

（三）模型估计与结果分析

1. 粮食种植户的适应性行为对粮食单产的影响

本章利用 Stata15.0 软件，采用完全信息极大似然法同时估计适应性行为选择模型与粮食单产模型，联立估计结果如表 8 - 3 所示。表 8 - 3 的第 1 列是变量名称，第 2 列是适应性行为选择模型估计结果，第 3、第 4 列分别是采用与未采用适应性措施粮食种植户的粮食单产模型的估计结果。

表 8 - 3　内生转换模型估计结果

变量名称	适应性行为选择	粮食单产（取对数）	
		采用的农户	未采用的农户
劳动力投入（取对数）	- 0.032（0.030）	0.090 *** （0.030）	0.216 *** （0.046）
机械投入（取对数）	0.061 *** （0.011）	0.118 *** （0.011）	0.039（0.026）
化肥投入（取对数）	0.152 ** （0.069）	0.573 *** （0.075）	- 0.097（0.131）
性别	0.422 ** （0.194）	- 0.106（0.210）	0.111（0.273）
年龄	0.026 *** （0.008）	- 0.000（0.008）	- 0.008（0.021）
受教育年限	0.073 *** （0.027）	0.008（0.027）	- 0.110 ** （0.053）
家庭人口数	0.147 *** （0.048）	0.288 *** （0.054）	0.299 ** （0.116）
参与合作组织	0.151（0.233）	0.073（0.223）	- 2.464 ** （0.986）
是否是村干部	- 0.964 ** （0.379）	0.0263（0.426）	0.161（0.458）
家庭拥有手机数量	0.006（0.040）	- 0.018（0.020）	- 0.152（0.135）
种植面积	0.033 ** （0.014）	- 0.002（0.003）	0.042（0.055）
多年平均气温	0.000 ** （0.000）	- 0.000（0.000）	- 0.000 * （0.000）
多年平均降水总量	- 0.022 *** （0.007）	0.035 *** （0.006）	0.019（0.019）
今年是否是灾害年	0.137（0.185）	0.890 *** （0.176）	0.645 * （0.370）
小麦	0.619 * （0.365）	1.075 *** （0.417）	0.161（0.349）
玉米	1.302 *** （0.375）	- 0.130（0.375）	- 3.866 *** （0.391）
农户能否获得气象信息服务	0.742 *** （0.200）	—	—
省份虚拟变量	是	是	是
常数项	- 1.100（0.885）	- 2.665 *** （0.734）	7.357 *** （2.656）
$\ln \sigma_{1\eta}$		0.159 ** （0.076）	
$\rho_{1\eta}$		- 0.258（0.369）	

续表

变量名称	适应性行为选择	粮食单产（取对数）	
		采用的农户	未采用的农户
ln σ$_{2η}$			0.541 *** （0.032）
ρ$_{2η}$			0.546 *** （0.178）
LR test ofindep. eqns.	9.65 ***		
Log pseudolikelihood	– 1952.54		
样本量	897	897	897

注：* 、** 、*** 分别表示在 10%、5%、1% 的水平上显著。括号内数字为系数的标准误。

由表 8 – 3 的第 2 列可知，在其他变量不变的条件下，多年平均气温对粮食种植户适应性行为具有正向影响，且在 5% 的水平上显著，但影响程度较小。多年平均累积降水总量变量的系数显著为负，表明年均降水总量对粮食种植户适应性行为具有负向影响。随着年均降水总量的增加，粮食种植户采用适应性措施的可能性下降，或者随着降水量的减少，粮食种植户适应性行为发生的可能性增加。年均降水总量的增加对粮食种植户采用适应性措施具有负向影响，其可能的原因是：一是农作物的生长离不开水，一定范围内的降水增加恰好能满足粮食生长所需的水分，促进粮食增产，在这有利条件下，粮农采用适应性措施的积极性下降。二是充沛的降水量保证了粮食作物的正常生长，粮食产量稳定减弱了粮农的风险意识。随着降水量的减少，粮农适应性行为发生的可能性增加，其可能的原因是，我国农田水利设施不断完善，2016 年末，全国灌溉耕地面积已占实际耕种耕地面积的 55.2%。在降水量不足的情况下，粮农可以利用灌溉设施，增加灌溉的次数或每一次的灌溉量，故降水量的减少促进粮食种植户采用适应性措施。

粮食种植户对当年极端天气事件发生与否的感知变量的系数未达到显著性水平。其原因可能是，极端天气事件下，粮食种植户可采取的应对措施较为有限，而本章的适应性措施包含的内容较为丰富。本章的气候因素变量既包括粮食种植户对极端天气事件发生与否的感知变量，也包括长时间的气温、累积降水总量变量，相对而言，粮食种植户对气候变化的适应性行为可能主要受到长期气温、降水量变化的影响。

由表 8 – 3 的第 2 列还可知，化肥投入、机械投入变量的系数显著为正，表明物质投入水平较高的粮食种植户更愿意采用适应性措施，这一结论与 Huang 等

（2015）的结论较为一致。户主性别、年龄分别在 5%、1% 水平上显著为正，表明年龄大的男性户主更容易采用适应性措施。户主受教育年限的系数显著为正，表明随着户主受教育水平的提高，农户采用适应性措施的可能性越大。其原因可能是，受教育程度高的农户对气候变化及其影响的理解更深入，而且学习能力强，能够通过扩宽收入来源渠道、种植多种农作物等方式来应对气候变化的不利影响。家庭人口数对农户适应性行为选择具有正向影响，表明随着家庭人口数量的增加，粮食种植户采用适应性措施的可能性增加。种植面积变量的系数在 5% 的水平上显著为正，表明种植面积越大，粮食种植户越会采用适应性措施。家庭是否有人担任过村干部的系数显著为负，表明村干部未能在适应气候变化的行动中发挥带头作用。工具变量的系数在 1% 的水平上显著为正，政府气象信息服务有助于减少农户判断气候变化发生与否的时间成本，对粮食种植户适应性行为具有正向影响，这一结论与 Chen 等（2014）的研究结论较为一致。

由表 8 - 2 的第 3 列、第 4 列可知，在其他条件不变的情况下，劳动力投入对粮食单产具有显著的正向影响，机械投入、化肥投入对采用适应性措施农户的粮食单产具有显著的正向影响。第 4 列受教育年限的系数为负，且在 5% 的水平上显著，表明在不采用适应性措施的农户中，农户接受教育的时间越久，其采用适应性措施的可能性越低。在采用与未采用适应性措施的农户中，家庭人口数变量的系数都显著为正，表明家庭人口数对粮食单产具有正向影响。其原因在于：一是家庭人口数能为粮食生产提供基本的劳动力，劳动力投入正向影响粮食单产；二是家庭人口越多，家庭对粮食的消费量越大，家庭对粮食的消费需求增加促进其增加粮食生产。

第 3 列的多年平均气温变量的系数不显著，第 4 列多年平均气温变量的系数显著为负，但数值较小，表明多年平均气温变化对粮食单产的影响较小，这恰好解释了气温对粮食种植户适应性行为的影响较小。第 3 列的多年平均降水总量变量的系数是 0.035，且在 1% 的水平上显著，表明降水量增加有助于粮食增产。这也为降水总量对粮食种植户适应性行为的负向影响提供了实证支持。第 4 列多年平均降水量变量的系数不显著，第 3 列、第 4 列降水量变量的系数的显著性不同，表明农户适应性行为有助于粮食增产。一般地，旱涝等极端天气事件造成粮食减产，但是表 8 - 3 的第 3 列、第 4 列的农户对 2015 年极端天气事件发生与否的感知对粮食单产都具有正向影响。这与实际不符合，可能的原因是，如果粮食种植户能意识到极端天气事件，他们可能会采用农田管理或其他适应性措施，进而有效地避免了粮食减产。

表8－3还呈现了适应性行为选择模型误差项与采用者粮食单产模型误差项（$\rho_{1\eta}$）、其与未采用适应性措施者单产模型误差项之间的相关系数（$\rho_{2\eta}$），这些相关系数具有重要意义：第一，$\rho_{2\eta}$通过了1%水平上的显著性检验，表明选择性偏差的存在，即可观测和不可观测因素影响着粮食种植户适应性行为选择和粮食单产。如果不对选择性偏误进行处理，将导致有偏的估计结果。第二，$\rho_{1\eta}$、$\rho_{2\eta}$的符号相反，表明粮食种植户是否采用适应性措施取决于比较优势。

2. 粮食种植户的适应性行为的平均处理效应

本章利用式（8－9）、式（8－10）核算粮食种植户适应性行为对粮食单产的处理效应，结果见表8－4。其中，（a）、（b）分别表示采用、未采用者的实际期望粮食单产，对应前文的式（8－5）、式（8－6）；（c）、（d）分别表示采用、未采用适应性措施者的反事实假设结果，对应前文的式（8－7）、式（8－8）。由表8－4最后一列可知，粮食种植户适应性行为对粮食单产的平均处理效应在1%水平上显著。在反事实假设下，当未采用适应性措施者采用适应性措施后，亩均粮食产量增加1.02斤，相当于36%（取对数），这说明粮食种植户适应性行为能够增加粮食单产。

表8－4　粮食种植户适应性行为对粮食单产的平均处理效应

	采用适应性措施	未采用适应性措施	ATT	ATU
平均期望粮食单产（取对数）				
采用者	（a）5.504	（c）5.475	0.028	—
未采用者	（d）3.852	（b）2.825	—	1.02***

注：*** 表示1%的水平上显著。ATT、ATU分别表示采用与未采用者对应的平均处理效应。

（四）稳健性检验

1. 小麦种植户的适应性行为对小麦单产的影响

为保证粮食种植户适应性行为对粮食产出影响结果的可靠性，本章利用分样本数据进行稳健性检验，即基于小麦、玉米种植户的调查数据，利用内生转换模型，分别讨论小麦种植户适应性行为对小麦单产的影响，以及玉米种植户适应性行为对玉米单产的影响①。模型与变量的设定与前文的内容一致，只是将粮食种植户分别替代为小麦种植户、玉米种植户。此外，本章未对小麦、玉米种植户的均值差异检验以及模型联合估计结果进行具体分析，以避免重复②。在此，只重点讨论小麦、玉米种植户适应性行为的处理效应。

小麦种植户适应性行为的处理效应结果见表 8 - 5。其中，（e）、（f）分别表示采用、未采用适应性措施小麦种植户的实际期望小麦单产；（g）、（h）分别表示采用适应性措施的小麦种植户、未采用适应性措施的小麦种植户的反事实假设结果。由表 8 - 5 的最后两列可知，小麦种植户适应性行为对小麦单产的平均处理效应在 1% 水平上显著。在反事实假设下，当采用适应性措施的小麦种植户放弃采用后，亩均小麦产量减少 0.208 斤，相当于 3%（取对数）；当未采用适应性措施的小麦种植户采用后，亩均小麦产量增加 0.823 斤，相当于 14.3%（取对数）。以上说明小麦种植户的适应性行为能够增加小麦单产。

表 8 - 5　小麦种植户适应性行为对小麦单产的平均处理效应

	采用适应性措施	未采用适应性措施	ATT	ATU
平均期望小麦单产（取对数）				
采用者	（e）6.777	（g）6.568	0.208 ***	——
未采用者	（h）6.577	（f）5.753	——	0.823 ***

注：*** 表示 1% 的水平上显著。ATT、ATU 分别表示采用、未采用小麦种植户对应的平均处理效应。

2. 玉米种植户的适应性行为对玉米单产的影响

玉米种植户适应性行为的处理效应结果见表 8 - 6。其中，（h）、（i）分别表示采用、未采用适应性措施玉米种植户的实际期望玉米单产；（j）、（k）分别表示采用、未采用适应性措施玉米种植户的反事实假设结果。由表 8 - 6 的最后一列可知，控制组的处理效应在 1% 的水平上显著，即未采用适应性措施的玉米种植户如果采用适应性措施，亩均玉米产量增加 1.299 斤，相当于 79.3%（取对数），这说明玉米种植户的适应性行为能够增加玉米单产。

① 限于篇幅，本章没有分析水稻种植户适应性行为对水稻产出的影响，但分析思路是一致的。
② 小麦种植户和玉米种植户的均值差异检验结果以及内生转换模型估计结果见附录 4~7。

表 8 - 6　玉米种植户适应性行为对玉米单产的平均处理效应

	采用适应性措施	未采用适应性措施	ATT	ATU
平均期望玉米单产（取对数）				
采用者	（h）4.951	（j）4.996	− 0.046	—
未采用者	（k）2.937	（i）1.637	—	1.299 ***

注：*** 表示 1% 的水平上显著。ATT、ATU 分别表示采用、未采用玉米种植户对应的平均处理效应。

二、粮食种植户适应性行为对化肥投入的影响

　　粮食种植户采用适应性措施以应对气候变化对农业产出的不利影响，上述研究结果显示，粮食种植户适应性行为对粮食产出具有正向影响。如果粮食种植户的适应性行为具有规避风险或降低损失的作用，其与农户过量施用化肥的风险规避行为之间的关系如何？研究这一问题的必要性还体现在，农户施用化肥虽能保证农作物产量，但化肥的过量施用也带来了农业环境问题。微观上缺乏对农业面源污染的直接度量，化肥施用费用可作为其的代理变量（夏秋等，2018）。而农业发展已不再是只追求有限资源下的产出最大化，还要解决好环境问题，实现资源、发展和环境的协同发展。

　　关于粮食种植户适应性行为与化肥投入之间的关系。本章的适应性行为包括补种补苗、更换种子品种、调整灌溉、排涝、采用保护性耕作技术、购买农业保险等。一方面，从实际情况来看，种苗数量的增多有可能增加粮食种植户化肥使用量；不同种子对化肥的需求量可能不同；排涝易导致土壤营养物质流失，粮食种植户可能增加化肥投入以保证土壤质量；保护性耕作技术能提高土壤肥力（李卫等，2017）。另一方面，从规避风险的角度来看，参加农业保险有助于农户降低化肥等的施用量（王常伟等，2013）。化肥对土地具有替代作用，能提高农作物产出，粮食种植户可通过增加化肥使用量来保证粮食产出的稳定性，即化肥投入的增加有助于降低农业生产的风险；而采用适应性措施者可能多属于规避风险型，进而在粮食生产中也可能会投入更多的化肥。

(一) 模型设定与变量说明

正如上文所述，粮食种植户适应性行为是内生变量，为解决这一问题，本章采用内生转换模型分析粮食种植户适应性行为对化肥投入的影响。但是，内生转换模型无法直接评估边际效应 (Cong and Drukker, 2000; Ma et al., 2017)。处理效应模型 (Treatment Effects Model) 能解决由不可观测变量带来的内生性问题，也能评估边际效应。因此，参考 Maddala (1983) 提出的方法，利用处理效应模型 (Treatment Effects Model) 进一步开展分析。内生转换模型的具体设定与前文基本一致，被解释变量替换为粮食种植户单位面积的化肥投入费用。

处理效应模型的具体设定及变量说明如下：

$$C_i = \beta x_i + \gamma A_i + \varepsilon_i \tag{8-11}$$

$$A_i = I(\delta Z_i + \mu_i) \tag{8-12}$$

其中，C_i 表示粮食种植户 i 的单位面积化肥投入费用；A_i 是适应性行为选择，是内生变量；x_i 表示其他解释变量，包括个体、家庭特征等；ε_i 是随机误差项。

式 (8-12) 中，$I(\cdot)$ 是示性函数，Z_i 与 x_i 包括的变量相同，但 Z_i 比 x_i 多一个工具变量，这里选取的工具变量是粮食种植户能否获得来自政府或者其他组织提供的气象信息服务。μ_i 是随机误差项。

进一步假设扰动项 (ε_i, μ_i) 服从二维正态分布：

$$\begin{pmatrix} \varepsilon_i \\ \mu_i \end{pmatrix} \sim N \left[\begin{pmatrix} 0 \\ 0 \end{pmatrix}, \begin{pmatrix} \sigma_\varepsilon^2 & \rho\,\sigma_\varepsilon \\ \rho\,\sigma_\varepsilon & 1 \end{pmatrix} \right] \tag{8-13}$$

式 (8-13) 中，ρ 是 (ε_i, μ_i) 的相关系数，$\rho \neq 0$ 是模型内生性的来源。那么，对于采用与未采用适应性措施者而言，C_i 的条件期望表达式如下：

$$E(C_i \mid x_i, Z_i) = \beta x_i + \gamma A_i + \rho\,\sigma_\varepsilon \lambda_i \tag{8-14}$$

$$\lambda_i = \begin{cases} \lambda(-\delta Z_i) & 若 A_i = 1 \\ -\lambda(\delta Z_i) & 若 A_i = 0 \end{cases} \tag{8-15}$$

其中，$\lambda(\cdot)$ 是反米尔斯函数，$\lambda(\cdot) = \varphi(\cdot)/1 - \phi(\cdot)$。由式 (8-14)、式 (8-15) 可得到采用与未采用适应性措施者之间的条件期望之差：

$$E(C_i \mid A_i = 1, x_i, Z_i) - E(C_i \mid A_i = 0, x_i, Z_i) = \gamma + \rho\,\sigma_\varepsilon [\lambda(-\delta Z_i) + \lambda(\delta Z_i)] \tag{8-16}$$

显然，在 A_i 是内生变量的条件下，如果遗漏式 (8-16) 中右式的第二项，将导致不一致的估计。最大似然估计方法（MLE）能够同时估计所有模型的参数，而且更有效率。因此，利用最大似然估计方法估计粮食种植户适应性行为对化肥投入费用的边际影响。

（二）模型估计与结果分析

1. 内生转换模型估计结果

内生转换模型的估计结果见表 8-7，其下面部分呈现了两个模型误差项之间的相关系数，$\rho_{1\eta}$ 在 10% 的水平上显著，$\rho_{2\eta}$ 在 1% 的水平上显著，表明选择性偏差的存在。由此，采用 OLS 回归方法将得不到一致估计量。此处对表 8-7 的结果进行解释讨论，由表 8-7 的第 2 列可知，多年平均气温变量的系数为正，多年平均累积降水总量变量的系数为负，且在 1% 的水平上显著；粮食种植户对 2015 年是否是灾害年的感知变量的系数为正，这与表 8-3 中呈现的结果较为一致。

由表 8-7 的第 3 列可知，多年平均气温变量的系数为负，且在 1% 的水平上显著，表明多年平均气温升高导致农户化肥投入费用降低。其原因可能在于，气温升高会增加化肥等化学物质的蒸发速率，进而造成地表水溶液的浓度增加，施肥或增肥易造成粮食减产。粮食种植户对 2015 年是否是灾害年的感知变量的系数显著为正，表明其对粮食种植户化肥投入费用具有正向影响。土壤质量的改变取决于气候条件（Gaur，1992），极端天气事件可能导致土壤质量下降，粮食减产，因此增加化肥投入可能是必然选择。由表 8-7 第 4 列可知，多年平均降水总量对粮食种植户化肥投入费用具有显著的正向影响，但影响程度极小。降水量的适度增加能满足粮食生产对水分的需求，保证粮食产出的稳定性，农户可能不需要投入过多化肥以保证粮食产量。

表 8-7 内生转换模型估计结果

变量名称	适应性行为选择	化肥投入费用（取对数）	
		采用农户	未采用农户
性别	0.184（0.140）	−0.073（0.104）	0.314 ** （0.154）
年龄	0.040 *** （0.006）	0.016 *** （0.004）	−0.028（0.017）

变量名称	适应性行为选择	化肥投入费用（取对数）	
		采用农户	未采用农户
受教育年限	0.0531 ** （0.025）	0.047 *** （0.016）	0.001 （0.041）
家庭人口数	0.261 *** （0.053）	−0.000 （0.028）	−0.271 *** （0.108）
参与合作组织	0.532 * （0.320）	−0.668 *** （0.197）	−4.952 *** （0.346）
是否是村干部	−1.059 *** （0.230）	−0.660 ** （0.322）	−0.288 （0.194）
家庭拥有手机数量	0.066 （0.055）	−0.046 （0.029）	0.735 *** （0.094）
种植面积	0.113 *** （0.019）	0.007 *** （0.002）	0.327 *** （0.041）
多年年均气温	0.014 *** （0.003）	−0.005 *** （0.001）	0.017 （0.014）
多年年均降水总量	−0.001 *** （0.000）	0.000 （0.000）	0.000 *** （0.000）
今年是否是灾害年	0.430 *** （0.161）	0.283 *** （0.087）	−0.758 ** （0.367）
农户能否获得气象信息服务	1.148 *** （0.199）	—	—
地区虚拟变量	是	是	是
常数项	−4.563 *** （0.600）	4.302 *** （0.285）	−2.698 （1.985）
$\ln \sigma_{1\eta}$		0.080 （0.080）	
$\rho_{1\eta}$		0.412 * （0.224）	
$\ln \sigma_{2\eta}$			0.110 （0.086）
$\rho_{2\eta}$			−0.289 *** （0.082）
Wald test of indep. eqns.	13.37 ***		
Log pseudolikelihood	−1683.008		
样本量	897	897	897

注：*、**、*** 分别表示在10%、5%、1%的水平上显著。括号内数字为系数的标准误。

2. 内生转换模型的平均处理效应

这里同样依据式（8-5）至式（8-10），估计得到粮食种植户适应性行为对其亩均化肥投入费用的处理效应，平均处理效应结果见表8-8。由表8-8最后一列可知，粮食种植户适应性行为对亩均化肥投入费用的平均处理效应在1%的水平上显著。在反事实假设下，当未采用适应性措施者调整策略后，粮食种植户亩均化肥投入费用将增加0.864元，相当于增加24.2%（取对数），表明采用适应性措施者的化肥投入水平较高。

表8-8　粮食种植户适应性行为对化肥投入费用的平均处理效应

	采用适应性措施	未采用适应性措施	ATT	ATU
平均期望化肥投入费用（取对数）				
采用者	(1) 4.646	(n) 4.588	0.058	—
未采用者	(o) 4.435	(m) 3.571	—	0.864***

注：*** 表示1%的水平上显著。ATT、ATU 分别表示采用、未采用粮食种植户对应的平均处理效应。

3. 处理效应模型估计结果

作为稳健性检验，本章利用处理效应模型展开进一步分析，模型估计结果见表8-9。由表8-9可知，沃尔德检验结果拒绝了原假设，表明模型的确存在内生性，不能直接进行 OLS 回归。此外，误差项之间的相关系数 $\rho_{\varepsilon\eta}$ 也达到了显著性水平，表明选择偏误来自不可观测变量（Cong and Drukker, 2000）。

表8-9　处理效应模型的估计结果

变量名称	适应性行为选择	化肥投入费用
适应性行为选择	—	1.307*** （0.222）
性别	0.172 （0.146）	-0.141 （0.091）
年龄	-0.270*** （0.068）	-0.056 （0.034）
年龄的平方	0.003*** （0.000）	0.000* （0.000）
受教育年限	0.036 （0.025）	0.037** （0.015）
家庭人口数	0.231*** （0.056）	-0.012 （0.030）
参与合作组织	0.253 （0.323）	-0.916*** （0.206）
是否是村干部	-0.922*** （0.236）	-0.248 （0.203）
家庭拥有手机数量	0.149** （0.071）	-0.033 （0.029）
种植面积	0.119*** （0.021）	0.008*** （0.002）
多年年均气温	0.140*** （0.039）	-0.061*** （0.014）
多年年均降水总量	-0.001*** （0.000）	0.000* （0.000）
今年是否是灾害年	0.482*** （0.159）	0.286*** （0.089）
农户能否获得气象信息服务	1.261*** （0.197）	—
地区虚拟变量	是	是
常数项	3.216* （1.871）	5.053*** （0.928）
$\rho_{\varepsilon\eta}$	-0.192* （0.101）	

续表

变量名称	适应性行为选择	化肥投入费用
ath（$\rho_{\varepsilon\eta}$）	-0.195^*（0.105）	
Ln（$\sigma_{\varepsilon\eta}$）	0.189（0.044）***	
Wald test（$\rho_{\varepsilon\eta}=0$）	χ^2（1）$=3.43$，Prob$>\chi^2$（1）$=0.0641$	
样本量	897	897

注：*、**、***分别表示在10%、5%、1%的水平上显著。括号内数字为系数的标准误。

表8-9适应性行为选择模型的估计结果与表8-7的结果较为相似，为此，此处不对各个解释变量再次进行解读，只重点关注粮食种植户适应性行为对其单位化肥投入费用的影响。适应性行为变量的系数值是1.307，且在1%的水平上显著，表明粮食种植户适应性行为对其化肥投入的边际效应是1.307。因为表8-1中粮食种植户亩均化肥投入费用是193.84元，所以，由边际效应和亩均化肥投入费用可知，具有适应性行为者，其单位面积的化肥投入费用比不采用适应性措施者高出0.67%。其原因可能在于，粮食种植户适应性行为能在一定程度上体现农户的风险规避性。粮食种植户倾向于采用适应性措施，其规避损失的意愿越强，而粮食种植户增施化肥恰好能够在一定程度上降低粮食减产的风险。

第九章 研究结论与政策建议

在前文综合研究的基础上，本章作为全书的最后一个部分，希冀能够起到一个全书总结的作用。本章的内容主要包括：总结前文实证章节的研究结论；基于全书研究结论提出有关政策建议；对未来的研究方向进行展望，提出一些前瞻性建议。

一、研究结论

（1）1986～2014年，我国粮食主产区的年平均气温呈现明显的上升趋势，年累积降水总量无明显变化趋势。平均而言，我国每年约1/2的受灾面积会减产三成或三成以上。

第一，1986～2014年我国粮食主产区的年平均气温呈现明显的上升趋势，年平均气温的上升速率约为0.37℃/10a。水稻主产区、小麦主产区和玉米主产区的平均气温的上升速率约分别是0.39/10a、0.37/10a、0.27℃/10a，其中，玉米主产区的年均气温上升速率最慢。1986～2014年粮食生产区的年累积降水总量无明显变化趋势。

第二，气象灾害给我国农业带来严重的负面影响。1996～2015年中国粮食主产区农业总成灾面积占总受灾面积的百分比的平均值是51.93%，每年约1/2的受灾面积减产三成或三成以上。农作物水旱灾害是影响我国农业的主要气象灾害。除水旱灾害以外，其他类型的气象灾害也需要被重视：一方面，旱灾、水灾、冷冻灾及风雹的成灾率均在50%左右，各种形式的气象灾害都会给农业生产带来不利的影响。另一方面，比较 1996～2005 年、2006～2015 年各气象灾害指标的平均值，冻灾成灾面积或者风雹灾受灾面积均有所上升。

（2）样本户普遍认为过去十年里气温升高，相比之下，样本户对降水量变化的感知、对极端天气事件发生频率的感知存在差异。粮食种植户的适应性行为普遍存在。在所有适应性措施中，补苗、更换种子品种、调整农时、调整灌溉是粮食种植户选择相对较多的行为，而且粮食种植户通常会采用多种适应性措施。

第一，客观气温、降水量数据显示，粮食种植户所在区域的年平均气温呈现明显上升趋势，但年累积降水总量没有明显变动趋势。粮食种植户调查数据显示，粮食种植户对气温变化具有明显的感知，77.7% 的粮食种植户认为近年来气温明显升高，这与客观气温数据的变化趋势一致。粮食种植户对降水量变化的感知存在差异，将近50% 的粮食种植户认为近年来降水量增多，21.96% 的粮食种植户认为近年来降水量减少。粮食种植户对极端天气事件发生频率的感知较为分散：27.65%、24.75%、15.16% 和1.11% 粮食种植户依次认为极端天气事件每年发生、2～4 年发生一次、4～6 年发生一次、6～8 年发生一次，剩余31.33% 粮食种植户认为极端天气事件是不定期发生的。

第二，粮食种植户获取气象信息渠道可能影响其对气候变化的感知。本书发现：电视节目和广播仍是粮食种植户获取气象信息最主要的渠道；绝大多数粮食种植户能认识到气象灾害给农作物产量带来负面影响；粮食种植户对干旱概念的理解存在差异。

第三，大多数粮食种植户采用适应性措施，而且通常会采用一种甚至几种措施。总的来看，79.6% 的粮食种植户采用适应性措施，其中，补苗、更换种子品种、调整农时、调整灌溉、更换作物品种是粮食种植户青睐采用的措施，占比依次是41.58%、35.34%、34.26%、33.44% 和29.1%。粮食种植户会选择采用1～4 种适应性措施，占比依次是25.08%、16.83%、12.15% 和12.82%。

（3）实证结果显示，气温、降水量变化对粮食种植户农田管理型措施采用的影响是最为稳健的，农田管理型措施具有代表性。其原因可能在于，粮食种植户家庭人口数对粮食种植户采用农田管理型措施具有正向影响。此外，粮食种植户的适应性能力对其农田管理型措施、更换种子品种及工程类的措施采用均具有显著的正向影响。

第一，气温、降水量变化对粮食种植户农田管理型措施采用的影响是最为稳健的，具体而言，在其他变量不变的条件下，多年平均气温与粮食种植户农田管理型措施决策之间存在"U"形关系；多年平均累积降水总量增加1%，粮食种植户采用农田管理型措施的概率降低0.2%。粮食种植户对2015年是否是灾害年的感知对粮食种植户采用农田管理型措施的影响不显著，表明相较于较长时间段的气候变化，当年极端天气事件的发生对粮食种植户气候变化适应性行为的影响有限。多年平均气温与粮食种植户更换种子品种决策之间存在"倒U"形关系。

第二，农田管理型措施更多地反映了粮食种植户对气温、降水量变化的适应性。其原因可能在于，农田管理型措施、更换种子品种以及工程类的措施的特征属性不同。具体而言，粮食种植户家庭人口数对粮食种植户采用农田管理型措施具有正向影响，但其对农户采用工程类的措施的影响不显著。农田管理型措施具有增加劳动力投入的属性。粮食种植户家庭拥有汽车的数量对农户采用农田管理型措施具有负向影响，对粮食种植户更换种子品种及采用工程类的措施都具有正向影响。更换种子品种、工程类的措施具有增加资本投入的属性。

第三，人力资本对粮食种植户更换种子品种行为具有显著的正向影响。物质资本对粮食种植户农田管理型措施、其他种子品种以及工程类的措施采用具有显著的正向影响，而且物质资本对农户更换种子品种行为影响的程度更大。综合农户各类资本水平，粮食种植户的适应性能力对其农田管理型措施、种子品种及工程类的措施采用均具有显著的正向影响。

（4）极端天气事件发生频率在一定程度上影响着粮食种植户的保护性耕作决策。粮食种植户家庭收入水平是影响其保护性耕作决策的重要约束条件之一。

第一，粮食种植户对气候变化发生频率感知的二元变量对其保护性耕作决策没有显著影响。笔者把粮食种植户感知的指标具体化后发现，与认为极端天气事件频繁发生的粮食种植户相比，认为极端天气事件6~8年发生一次的粮食种植户不倾向采用保护性耕作。在一定程度上，粮食种植户对极端天气事件发生频率的认知影响其保护性耕作决策。

第二，在具有同样极端天气事件感知的粮食种植户中，与高等收入的粮食种植户相比，中等收入的粮食种植户采用保护性耕作的可能性较低。家庭收入水平是粮食种植户保护性耕作决策的约束条件之一，政府在某一地区进行保护性耕作的推广时，应注意考虑农户的家庭收入水平。

第三，在其他变量不变的条件下，与男性相比，女性采用保护性耕作的平均概率更高；农户机械投入费用越高，其采用保护性耕作的概率降低；补贴政策能小幅度地影响粮食种植户的保护性耕作决策。

（5）基于2003～2011年湖北农村固定观察点水稻调查户数据的实证研究结果显示，水稻种植户的短期适应性行为是存在的。在一定范围内，雨涝灾害发生背景下，水稻种植户会增加劳动力投入，减少中间投入与机械投入，但超过一定范围后，随着雨涝灾害发生程度的增加，水稻种植户会减少所有要素的投入水平。

第一，2003～2011年湖北水稻生长期的高温热害现象并不严重。2003～2011年湖北整体上偏涝多于大涝，极涝并未出现，大涝、偏涝发生区域较为集中。大涝主要集中于鄂东丘陵岗地双季稻区、鄂东南低山丘陵双季稻区及鄂西北山地单季稻区。

第二，在其他变量不变的条件下，与未发生雨涝灾害年份相比，雨涝灾害年水稻种植户的中间投入水平更低、机械投入水平更低，但劳动力投入的水平更高。当把雨涝灾害年份虚拟变量替换成连续变量的雨涝灾害Z指数，Z指数对水稻种植户的劳动力投入、中间投入均具有显著的负向影响，表明随着雨涝灾害发生等级的增加，水稻种植户的中间投入、劳动力投入水平均明显下降。

（6）粮食种植户对气候变化的适应性行为对粮食单产、化肥投入具有正向影响。从边际影响来看，具有适应性行为的粮食种植户，其单位面积的化肥投入费用比不采用适应性的粮食种植户高出0.67%。

第一，粮食种植户适应性行为选择模型与粮食产出模型的误差项相关系数达到显著性水平，粮食种植户对气候变化的适应性行为是内生变量，如果不对选择性偏误进行处理，将导致有偏的估计结果。本书采用的内生转换模型能够较好地解决这一问题。在解决内生性和控制其他变量后，多年平均气温对粮食种植户适应性行为具有正向影响，多年平均降水总量对粮食种植户适应性行为具有负向影响。

第二，内生转换模型的处理效应结果显示，在反事实假设下，当未采用适应性的粮食种植户采用适应性措施后，亩均粮食产量增加1.02斤，相当于亩均粮食产出增加36%。粮食种植户适应性行为能够增加粮食单产，该结论也得到了稳健性分析结果的支持。当采用适应性措施的小麦种植户放弃采用后，亩均小麦产量减少0.208斤。当小麦种植户、玉米种植户不采用适应性行为发生调整后，亩均小麦产量增加0.823斤，亩均玉米产量增加1.299斤。

第三，内生转换模型的处理效应结果显示，在反事实假设下，当未采用适应性措施的粮食种植户调整策略后，亩均化肥投入费用增加，即采用适应性措施的粮食种植户倾向于多投入化肥。从处理效应模型的边际影响结果来看，具有适应性行为的粮食种植户，其单位面积的化肥投入费用比不采用适应性措施的粮食种植户高出0.67%。

二、政策建议

综合上述研究结论可知，我国粮食主产区的平均气温呈明显上升趋势，年累积降水总量并未表现出明显变化趋势。从长期看，粮食种植户会做出气候变化适应性行为决策，并且倾向于采用与农田管理措施相关的措施。而且相较于更换种子品种、投资工程类措施，与农田管理相关的措施决策受气候因素（过去多年的平均温度、降水总量）的影响最为显著且最为稳健。极端天气事件发生频率影响粮食种植户保护性耕作决策。此外，粮食种植户自身内部条件也显著影响其气候变化适应性行为，如家庭劳动力人数、资本禀赋、家庭收入水平、适应能力等。从短期看，水稻种植户的短期适应性行为是存在的。短期内极端天气事件发生，水稻种植户仍会增加劳动力投入，但随着极端天气事件发生程度的增加，水稻种植户的生产投入水平均显著下降。粮食种植户的适应性行为对保证农作物产量具有正向影响，同时也对粮食种植户化肥投入具有正向影响。针对前面各章的具体结论以及本章的结论总结，本书提出如下相关政策建议。

（一）切实做好农业气象灾害的灾前预警工作

我国粮食主产省份及地区的相关政府应健全农业气象灾害的预警机制，在农业气象灾害来临之前做好预警工作。具体而言，第一，保证相关部门机械设备的先进性。为保证气象数据的可靠性、及时性以及气象预测的准确性，相关部分应购置高质量的机械设备。第二，提高相关工作人员的职业素养及专业态度。相关工作人员应保持严谨的工作态度，需要对相关数据进行详细分析，及时总结整理汇报，并且能够根据预测数据提出有效应对方案。第三，注重农业气象灾害预警工作的区域以及灾害类型的异质性，如东北地区应注意防范春旱、华中华南以及华东地区注意高温伏旱、西南地区注意春旱以及夏季高温等。

（二）进一步完善气象灾害的事中服务及事后灾损定量评估

灾中跟踪服务以及灾后定量评估也是提升抗灾减灾的关键。一旦气象灾害发生，相关政府部门应及时启动应急方案、部署抗灾联动措施、提供相应的物质、技术或资金支持。无论灾前预警还是灾中跟踪服务，各级政府要保持部门间信息传达的及时性，尤其是基层政府要加强该方面的工作，解决好信息到户的"最后一公里"的问题。各部门可以综合利用好电视天气预报、手机移动设备、互联网等工具，丰富气象信息传递的途径和效率。

相对于灾前预警、灾中服务，我国灾害定量评估环节较弱，相关部门应总结各地经验，建立灾害评估技术及评估系统，推进气象灾害评估的业务化。在技术上，可以推动遥感技术、气象资料、国土资料的结合；在专业上，可以推进气象部门、农业部门以及农民经验的结合；在部门联动上，可以推动市、区、县级部门间的合作。在多方合作下，完成的定量评估报告，如粮食、玉米等损失报告，为抗灾救灾提供真实的一手数据。

（三）完善历史气象信息及数据，建立相关数据库

气候变化问题研究具有复杂性、不确定性。人们对气候变化的理解存在不确定性，我们并不能准确预测未来的气候变化情况。历史气象数据不仅能为气候变化的客观事实提供数据支持，还能为学界和政界相关人员的科学研究提供丰富素材。目前来看，虽然1956年以来我国730多个气象站的月值数据等已经较为充实，但与气象灾害、流域水资源及农业生产等相关数据共享的平台仍较为缺乏。因此，建议相关部门继续完善历史气象信息及数据，提供较为翔实的数据说明，并共同推动相关数据库、信息共享平台的建议。

（四）完善基础水利设施建设和水资源管理

政府层面的公共物品供给作用辐射广，单论基础设施，其有效供给能够提高农业抵御农业气象灾害的能力、有利于农作物产量的增加（孙良顺和昝梦莹，

2015)。我国政府注重改善农业生产条件，还十分重视对农业农村的投资，以农田水利设施建设为例，《第三次全国农业普查公报》结果显示，2016年末，全国灌溉耕地面积为6189万亩，占实际耕种耕地面积的比重达到55.2%，农田水利设施取得了实质性进展。虽然农田水利设施建设已取得基本进展，但其在我国的发展仍存在一些问题，如水利设施的后期管理维护存在资金上的不足、农民自发的维护管理缺乏成效、环境复杂地区难以实现农田水利设施的覆盖、农田水利设施的建设与当地自然环境不和谐（安进奎，2018）。由此，建议政府部门依旧有针对性地加大资金投入，并设置农田水利设施维护资金专项；加强对田间灌溉、节水、排灌等技术进行单项或者集成配套推广，力图提高农业生产者的用水效率。

此外，由样本数据适应性措施选择的统计结果可知，农户选择工程类的措施的比例较低，因此本书建议相关政府部门鼓励新型农业经营主体参与小型及微型农田水利设施的建设，为他们提供激励机制、收益保证机制的同时，尽可能地为其提供相应的金融支持。

（五）增加农业科研投入，培育抗逆性强的种子品种

本书发现气温与粮食种植更换种子品种间存在"倒U"形关系，降水量对农户更换种子品种决策具有显著的负向影响。农户会采用抗逆性强的种子品种以应对气候变化。宏观地看，增加农业科研投入，提高耐旱、耐高温等抗逆性强的种子品种的培育是应对气候变化，尤其是应对极端天气事件的重要手段。因此，本书建议相关科研单位在以市场需求为导向的前提下增加种子的抗逆特征，如耐高温、耐旱、抗病虫害、耐受性，以提高种子适应气候变化的能力。此外，鉴于农作物生长关键时期易遭受气候因素的负面影响，科研人员可以通过调整种子的生育周期以尽可能地降低气候变化带来的负面损失。如果农作物能够提前成熟，其就可以避免成熟期过多降水带来的减产问题。

（六）实行差异化的激励政策

我国正处于转型时期，提高农业的可持续发展能力，是我国当前以及未来农业发展不可回避的重要挑战。保护性耕作是一种环境友好型的农业技术，但其在我国的应用还存在一定障碍。我国农业部门应继续开展对保护性耕作的技术推广

和技术服务，在此过程中，在已经重点推广的地区，不断总结已有推广过程中的不足，切实找出农户不予采用保护性耕作的症结所在。做好前期准备工作，对不同地区的气候条件及农户内在资本水平进行考察，重点有序地推进保护性耕作的采用，如在极端天气事件发生频率较高的地区、家庭收入水平较高的农业种植户中开始推广，并且依据不同地区或者农户的特定条件，在推广过程中适当调整策略。

农田管理措施在减缓气候变化不利影响上起着积极作用，政府在推广应对气候变化的适应性措施时，应该充分考虑各种措施在成本收益上的不同，进一步挖掘成本低收益高的措施。相关政府部门可以依据农户的个体及家庭特征，制定有序的激励政策，如对于受教育程度较高的农户，政府可以对其进行继续教育；对于农业种植大户，政府可以给予更多的技术和服务支持等，通过种植大户等的示范带动作用，挖掘其他农户采用相关适应性措施的潜力，尤其是农户对先进农业技术的采用。

三、研究展望

第一，关于各种适应性措施的成本效益的实证分析较少。本书虽然在讨论农户农田管理措施、种子品种、工程类的措施与气候因素之间关系的同时，分析了农田管理措施、种子品种、工程类的措施对劳动力、资本的需求程度，但并未涉及对应具体措施的经济成本。本书虽讨论了农户的长期适应性行为对粮食单产的影响，但未涉及农户的长期适应性行为带来的经济收益。事实上，适应性措施的成本效益分析有助于国家出台和实施相关的适应性策略。笔者后续将进一步收集农户调查数据，对农户某些具体的适应性行为进行细致的成本收益分析。

第二，农户对气候变化的适应性行为的理论研究还有待于提高和完善。气候变化问题以及农户适应性行为研究需要综合运用自然科学理论与社会经济理论。经济学视角下的农户适应性行为研究多以实证分析、调查分析为主，理论分析较为缺乏。本书也是以实证研究为主，笔者后续将基于经济学理论，把农户的适应性行为融合到较为宏观的研究中。

参考文献

［1］安进奎．我国农田水利设施建设中存在的问题及对策研究［J］．中国战略新兴产业，2018，176（44）：32.

［2］薄凡，庄贵阳，禹湘等．气候变化经济学学科建设及全球气候治理——首届气候变化经济学学术研讨会综述［J］．经济研究，2017（10）：202-205.

［3］蔡荣，蔡书凯．农田灌溉设施建设的农户参与意愿及其影响因素——以安徽省巢湖市740户稻农为例［J］．资源科学，2013，35（8）：1661-1667.

［4］曹慧，赵凯．代际差异视角下粮农保护性耕作投入意愿的影响因素分析［J］．西北农林科技大学学报（社会科学版），2018，18（1）：115-123.

［5］陈畅，胡铁松，谈广鸣等．四湖流域旱涝交替事件概率分析［J］．武汉大学学报（工学版），2015（2）：166-170.

［6］陈欢，周宏，王全忠等．农户感知与适应气候变化的有效性分析——来自江苏省水稻种植户的调查研究［J］．农林经济管理学报，2014（5）：467-474.

［7］陈强．高级计量经济学及Stata应用．第2版［M］．北京：高等教育出版社，2014.

［8］陈升孛，刘安国，张亚杰等．气候变化背景下湖北省水稻高温热害变化规律研究［J］．气象与减灾研究，2013，36（2）：51-56.

［9］陈帅，徐晋涛，张海鹏．气候变化对中国粮食生产的影响——基于县级面板数据的实证分析［J］．中国农村经济，2016（5）：2-15.

［10］陈帅．气候变化对中国粮食生产力的影响——基于黄淮海平原的实证分析［J］．中国农村经济，2015（7）：4-16.

［11］德斯勒．气候变化：科学还是政治？［M］．北京：中国环境科学出版社，2012：10-30.

[12] 邓爱娟，刘敏，万素琴等．湖北省双季稻生长季降水及洪涝变化特征 [J]．长江流域资源与环境，2012，21（Z1）：173－178.

[13] 段宏波，汪寿阳．减缓与适应：中国应对气候变化的成本收益分析 [J]．中国科学院院刊，2018，33（3）：284－290.

[14] 方一平，秦大河，丁永建．气候变化适应性研究综述——现状与趋向 [J]．干旱区研究，2009，26（3）：299－305.

[15] 冯明，刘可群，毛飞．湖北省气候变化与主要农业气象灾害的响应 [J]．中国农业科学，2007，40（8）：1646－1653.

[16] 冯晓龙，陈宗兴，霍学喜．干旱条件下农户适应性行为实证研究——来自1079个苹果种植户的调查数据 [J]．干旱区资源与环境，2016，30（3）：43－49.

[17] 冯晓龙，刘明月，仇焕广等．资产专用性与专业农户气候变化适应性生产行为——基于苹果种植户的微观证据 [J]．中国农村观察，2018（4）：74－85.

[18] 冯晓龙，刘明月，霍学喜等．农户气候变化适应性决策对农业产出的影响效应——以陕西苹果种植户为例 [J]．中国农村经济，2017（3）：31－45.

[19] 冯晓龙．苹果种植户气候变化适应性行为研究 [D]．咸阳：西北农林科技大学博士学位论文，2017.

[20] 弗兰克·艾利思．农民经济学（第二版）[M]．胡景北译．上海：人民出版社，2006.

[21] 高素华，王培娟，万素琴等．长江中下游高温热害及对水稻的影响 [M]．北京：气象出版社，2009.

[22] 高雪，李谷成，范丽霞等．雨涝灾害对农户生产要素投入行为的影响——基于湖北农村固定观察点数据的分析 [J]．资源科学，2017，39（9）：1765－1776.

[23] 韩智博，张宝庆，田杰等．基于CCSM4气候模式的未来气候变化对黑河绿洲玉米产量影响预测 [J]．灌溉排水学报，2018，37（10）：108－115.

[24] 何建坤，滕飞，齐晔．新气候经济学的研究任务和方向探讨 [J]．中国人口·资源与环境，2014，24（8）：1－8.

[25] 侯玲玲，王金霞，黄季焜．不同收入水平的农民对极端干旱事件的感

知及其对适应措施采用的影响——基于全国 9 省农户大规模调查的实证分析 [J].农业技术经济,2016(11):24-33.

[26] 纪月清,胡杨,杨宗耀.单独抑或联合:地块规模与农户土地投资决策 [J].南京农业大学学报(社会科学版),2017,17(6):59-70.

[27] 江涛.舒尔茨人力资本理论的核心思想及其启示 [J].扬州大学学报(人文社会科学版),2008,12(6):84-87.

[28] 焦建玲等.应对气候变化研究的科学方法 [M].北京:清华大学出版社,2015.

[29] 李斌,李小云,左停.农村发展中的生计途径研究与实践 [J].农业技术经济,2004(4):10-16.

[30] 李谷成,冯中朝,范丽霞.小农户真的更加具有效率吗?来自湖北省的经验证据 [J].经济学(季刊),2010,9(1):99-128.

[31] 李谷成,冯中朝,占绍文.家庭禀赋对农户家庭经营技术效率的影响冲击——基于湖北省农户的随机前沿生产函数实证 [J].统计研究,2008,25(1):35-42.

[32] 李然嫣,陈印军.东北典型黑土区农户耕地保护利用行为研究——基于黑龙江省绥化市农户调查的实证分析 [J].农业技术经济,2017(11):80-91.

[33] 李卫,薛彩霞,姚顺波等.保护性耕作技术、种植制度与土地生产率——来自黄土高原农户的证据 [J].资源科学,2017,39(7):1259-1271.

[34] 李卫,薛彩霞,姚顺波等.农户保护性耕作技术采用行为及其影响因素:基于黄土高原 476 户农户的分析 [J].中国农村经济,2017(1):44-57+94-95.

[35] 李小云,董强,饶小龙等.农户脆弱性分析方法及其本土化应用 [J].中国农村经济,2007(4):32-39.

[36] 李小云,刘慧,杨育凯.干旱背景下农户生产要素投入行为研究——以华北平原为例 [J].资源科学,2015a,37(11):2261-2270.

[37] 李彦彬,朱亚南,李道西等.阶段干旱及复水对粮食生长发育、光合和产量的影响 [J].灌溉排水学报,2018,37(8):76-82.

[38] 廖小华,夏金,赵龙.湖北十堰降水量的气候特征与旱涝分析 [J].

成都信息工程学院学报, 2014 (s1): 154 – 160.

［39］林而达, 许吟隆, 蒋金荷等. 气候变化国家评估报告 (Ⅱ): 气候变化的影响与适应 ［J］. 气候变化研究进展, 2006, 2 (2): 51 – 56.

［40］林而达. 气候变化与减灾 ［J］. 中国减灾, 2008 (3): 16 – 17.

［41］刘敏, 万素琴, 刘安国等. 湖北省农业气候资源和灾害变化及对水稻生产的影响 ［M］. 北京: 气象出版社, 2012.

［42］刘志雄, 肖莺. 长江上游旱涝指标及其变化特征分析 ［J］. 长江流域资源与环境, 2012, 21 (3): 310 – 314.

［43］罗良文, 茹雪, 赵凡. 气候变化的经济影响研究进展 ［J］. 经济学动态, 2018 (10): 116 – 130.

［44］吕亚荣, 陈淑芬. 农民对气候变化的认知及适应性行为分析 ［J］. 中国农村经济, 2010 (7): 75 – 86.

［45］任国玉. 气候变化与中国水资源 ［M］. 北京: 气象出版社, 2007.

［46］孙良顺, 昝梦莹. 农田水利设施减灾效果评估: 基于灰色关联度的分析 ［J］. 求索, 2015 (11): 94 – 99.

［47］谭淑豪, 谭文列婧, 励汀郁等. 气候变化压力下牧民的社会脆弱性分析——基于内蒙古锡林郭勒盟 4 个牧业旗的调查 ［J］. 中国农村经济, 2016 (7): 67 – 80.

［48］唐利群, 周洁红, 于晓华. 采用保护性耕作对减少水稻产量损失的实证分析——基于 4 省 1080 个稻农的调研数据 ［J］. 自然资源学报, 2017, 32 (6): 1016 – 1028.

［49］唐利群. 中国水稻种植户极端气候适应性行为及效应研究 ［D］. 杭州: 浙江大学博士学位论文, 2018.

［50］童洪志, 刘伟. 政策组合对农户保护性耕作技术采纳行为的影响机制研究 ［J］. 软科学, 2018, 32 (5): 18 – 23.

［51］万素琴, 陈晨, 刘志雄等. 气候变化背景下湖北省水稻高温热害时空分布 ［J］. 中国农业气象, 2009, 30 (S2): 316 – 319.

［52］汪阳洁, 仇焕广, 陈晓红. 气候变化对农业影响的经济学方法研究进展 ［J］. 中国农村经济, 2015 (9): 4 – 16.

［53］王常伟, 顾海英. 市场 VS 政府, 什么力量影响了我国菜农农药用量

的选择？［J］．管理世界，2013（11）：50－66＋187－188．

［54］王金霞，张丽娟，黄季焜等．黄河流域保护性耕作技术的采用：影响因素的实证研究［J］．资源科学，2009，31（4）：641－647．

［55］王金霞，张丽娟．保护性耕作技术对农业生产的影响：黄河流域的实证研究［J］．管理评论，2010（6）：77－84．

［56］王品，魏星，张朝等．气候变暖背景下水稻低温冷害和高温热害的研究进展［J］．资源科学，2014，36（11）：2316－2326．

［57］王倩．基于熵权法的耕地整理潜力综合评价——以兰州市为例［D］．兰州：甘肃农业大学硕士学位论文，2009．

［58］魏思琳，杨印生，王海娜．玉米种植农户对机械化保护性耕作技术的认知研究［J］．中国农机化学报，2016，37（10）：214－220．

［59］吴超，崔克辉．高温影响水稻产量形成研究进展［J］．中国农业科技导报，2014，16（3）：103－111．

［60］夏秋，李丹，周宏．农户兼业对农业面源污染的影响研究［J］．中国人口·资源与环境，2018，28（12）：131－138．

［61］肖风劲，张海东，王春乙等．气候变化对我国农业的可能影响及适应性对策［J］．自然灾害学报，2006（s1）：327－331．

［62］邢鹂，黄昆．政策性农业保险保费补贴对政府财政支出和农民收入的模拟分析［J］．农业技术经济，2007（3）：4－9．

［63］杨柳，吕开宇，阎建忠．土地流转对农户保护性耕作投资的影响——基于四省截面数据的实证研究［J］．农业现代化研究，2017，38（6）：946－954．

［64］杨宇，王金霞，侯玲玲等．华北平原的极端干旱事件与农村贫困：不同收入群体在适应措施采用及成效方面的差异［J］．中国人口·资源与环境，2018，28（1）：124－133．

［65］杨宇，王金霞，黄季焜．极端干旱事件、农田管理适应性行为与生产风险：基于华北平原农户的实证研究［J］．农业技术经济，2016b（9）：4－17．

［66］杨宇，王金霞，黄季焜．农户灌溉适应行为及对单产的影响：华北平原应对严重干旱事件的实证研究［J］．资源科学，2016a，38（5）：900－908．

［67］尹朝静，李谷成，范丽霞等．气候变化、科技存量与农业生产率增长［J］．中国农村经济，2016a（5）：16－28．

［68］尹朝静，李谷成，高雪．气候因素对水稻单产影响的实证分析——基于湖北农户层面的分层模型［J］．自然资源学报，2017，32（8）：1433－1444.

［69］尹朝静，李谷成，葛静芳．粮食安全：气候变化与粮食生产率增长——基于 HP 滤波和序列 DEA 方法的实证分析［J］．资源科学，2016b，38（4）：665－675.

［70］尹朝静．气候变化对中国水稻生产的影响研究［D］．武汉：华中农业大学博士学位论文，2017.

［71］于文金，周鸿渐，占达颖等．长江流域旱涝灾害特征研究［J］．灾害学，2013，28（3）：42－47.

［72］张福春，王德辉，丘宝剑．中国农业物候图集［M］．北京：科学出版社，1987.

［73］张露，郭晴，张俊飚等．农户对气候灾害响应型生产性公共服务的需求及其影响因素分析——基于湖北省十县（区、市）百组千户的调查［J］．中国农村观察，2017（3）：104－118.

［74］赵文娟，杨世龙，王潇．基于 Logistic 回归模型的生计资本与生计策略研究——以云南新平县干热河谷傣族地区为例［J］．资源科学，38（1）：136－143.

［75］赵雪雁．生计资本对农牧民生活满意度的影响——以甘南高原为例［J］．地理研究，2011（4）：687－698.

［76］郑家国，任光俊，陆贤军等．花后水分亏缺对水稻产量和品质的影响［J］．中国水稻科学，2003，17（3）：239－243.

［77］郑旭媛，王芳，应瑞瑶．农户禀赋约束、技术属性与农业技术选择偏向——基于不完全要素市场条件下的农户技术采用分析框架［J］．中国农村经济，2018（3）：105－122.

［78］周洁红，刘青，王煜．气候变化对水稻质量安全的影响——基于水稻主产区 1063 个农户的调查［J］．浙江大学学报（人文社会科学版），2017（2）：148－160.

［79］周洁红，唐利群，李凯．应对气候变化的农业生产转型研究进展［J］．中国农村观察，2015（3）：74－86.

［80］周曙东．气候变化对中国南方水稻产量的经济影响及其适应策略

[J] . 中国人口·资源与环境, 2010, 20 (10): 152 – 157.

[81] 朱红根, 康兰媛, 周曙东. 南方稻区季节性干旱农户适应行为及其影响因素实证分析 [J] . 自然资源学报, 2016, 31 (9): 1540 – 1552.

[82] 朱红根, 周曙东. 南方稻区农户适应气候变化行为实证分析——基于江西省36县 (市) 346份农户调查数据 [J] . 自然资源学报, 2011, 26 (7): 1119 – 1128.

[83] 朱红根, 周曙东. 南方水稻对气候变化的脆弱性分析——以江西为例 [J] . 农业现代化研究, 2010, 31 (2): 208 – 211.

[84] 朱建军, 胡继连, 安康等. 农地转出户的生计策略选择研究——基于中国家庭追踪调查 (CFPS) 数据 [J] . 农业经济问题, 2016 (2): 49 – 58 + 111.

[85] Abdulai A, Huffman W. The Adoption and Impact of Soil and Water Conservation Technology: An Endogenous Switching Regression Application [J] . Land Economics, 2014, 90 (1): 26 – 43.

[86] Adams R M, Houston LL, McCarl B A, et al. The Benefits to Mexican Agriculture of an El Niño – southern Oscillation Early Warning System [J] . Agricultural & Forest Meteorology, 2003, 115 (3): 183 – 194.

[87] Arbuckle J G, Morton L W, Hobbs J. Understanding Farmer Perspectives on Climate Change Adaptation and Mitigation [J] . Environment and Behavior, 2015, 47 (2): 205 – 234.

[88] Atanu S, Love H A, Schwart R. Adoption of Emerging Technologies Under Output Uncertainty [J] . American Journal of Agricultural Economics, 1994, 76 (4): 836 – 846.

[89] Ayanlade A, Radeny M, Morton J F. Comparing Smallholder Farmers' Perception of Climate Change with Meteorological Data: A Case Study from Southwestern Nigeria [J] . Weather and CliMate Extremes, 2016 (15): 24 – 33.

[90] Baskerville G L, Emin P. Rapid Estimation of Heat Accumulation from Maximum and Minimum Temperatures [J] . Ecology, 1969, 50 (3): 514 – 517.

[91] Baul T K, Mcdonald M. Integration of Indigenous Knowledge in Addressing Climate Change [J] . Indian Journal of Traditional Knowledge, 2016, 1 (10): 20 – 27.

［92］Berry J, Bjorkman O. Photosynthetic Response and Adaptation to Temperature in Higher Plants ［J］. Annual Review of Plant Physiology, 1980, 31 (1): 491 – 543.

［93］Bradshaw B, Dolan H, Smit B. Farm – level Adaptation to Climatic Variability and Change: Crop Diversification in the Canadian Prairies ［J］. Climate Change, 2004, 67 (1): 119 – 141.

［94］Brondizio, Eduardo S, Moran E F. Human Dimensions of Climate Change: The Vulnerability of Small Farmers in the Amazon ［J］. Philosophical Transaction of the Royal Society, 2008, 363 (1498): 1803 – 1809.

［95］Brown P R, Nelson R, Jacobs B. Enabling Natural Resourcemanagers to Self – assess Their Adaptive Capacity ［J］. Agricultural Systems, 2010, 103 (8): 562 – 568.

［96］Bryan E, Deressa T T, Gbetibouo G A. Adaptation to Climate Change in Ethiopia and South Africa: Options and Constraints ［J］. Environmental Scinece & Policy, 2009 (12): 413 – 426.

［97］Burke M, Emerick K. Adaptation to Climate Change: Evidence from US Agriculture ［J］. American Economic Journal: Economic Policy, 2016, 8 (3): 106 – 140.

［98］Chen H, Wang J, Huang J. Policy Support, Social Capital, and Farmers' Adaptation to Drought in China ［J］. Global Environmental Change, 2014, 24 (1): 193 – 202.

［99］Chen S, Chen X, Xu J. Impacts of Climate Change on Agriculture: Evidence from China ［J］. Journal of Environmental Economics & Management, 2016, 76 (8): 105 – 124.

［100］Conacher A J. Rural land degradation in Australia ［M］. Melbourne: Oxford University Press, 1995.

［101］Cong R, Drukker D M. Treatment Effects Model ［J］. Stata Technical Bulletin, 2000, 55 (1): 25 – 33.

［102］Dang H L, Li E, Bruwer J, et al. Farmers' Perceptions of Climate Variability and Barriers to Adaptation: Lessons Learned from an Exploratory Study in Vietnam ［J］. Mitigation and Adaptation Strategies for Global Change, 2014, 19 (5):

531 – 548.

[103] Deressa T T, Hassan R M, Ringler C, et al. Determinants of Farmers' Choice of Adaptation Methods to Climate Change in the Nile Basin of EThiopia [J] . Global Environmental Change, 2009b, 19 (2): 248 – 255.

[104] Deressa T T, Hassan R M, Ringler C. Perception of and Adaptation to Climate Change by Farmers in the Nile basin of Ethiopia [J] . Journal of Agricultural Science, 2011, 149 (1): 23 – 31.

[105] Deressa W, Ali A, Berhane Y. Review of the Interplay Between Population Dynamics and Malaria Transmission in Ethiopia [J] . EThiopian Journal of Health Development, 2009a, 20 (9/10): 1616 – 1624.

[106] Deschênes O, Greenstone M. Climate Change, Mortality and Adaptation: Evidence from Annual Fluctuations in Weather in the U. S. [J] . American Economic Journal Applied Economics, 2011, 3 (4): 152 – 185.

[107] Deschênes O, Greenstone M. The Economic Impacts of Climate Change: Evidence from Agricultural Output and Random Fluctuations in Weather [J] . American Economic Review, 2007, 97 (1): 354 – 385.

[108] Ellis F. Rural Livelihoods and Diversity in Developing Countries [M] . Oxford University Press, Oxford, 2000.

[109] Elum Z A, MoDise D M, Marr A. Farmer's Perception of Climate Change and Responsive Strategies in Three Selected Provinces of South Africa [J] . Climate Risk Management, 2017, 16: 246 – 257.

[110] Falco S D, Adinolfi F, Bozzola M, et al. Crop Insurance as a Strategy for Adapting to Climate Change [J] . Journal of Agricultural Economics, 2014, 65 (2): 485 – 504.

[111] Falco S D, Bezabih M, Yesuf M. Seeds for Livelihood: Crop Biodiversity and Food Production in EThiopia [J] . Ecological Economics, 2010, 69 (8): 1695 – 1702.

[112] Falco S D, Bulte E. The Impact of Kinship Networks on the Adoption of Risk – mitigating Strategies in EThiopia [J] . World Development, 2013, 43: 100 – 110.

[113] Falco S D, Chavas J P. On Crop Biodiversity, Risk Exposure, and Food Security in the Highlands of EThiopia [J]. American Journal of Agricultural Economics, 2009, 91 (3): 599 –611.

[114] Falco S D, Veronesi M. How can African Agriculture Adapt to Climate Change? A Counterfactual Analysis from EThiopia [J]. Social Science Electronic PubliShing, 2012, 89 (4): 743 –766.

[115] Falco S D, Veronesi M. Managing Environmental Risk in Presence of Climate Change: The Role of Adaptation in the Nile Basin of EThiopia [J]. Environmental & Resource Economics, 2014, 57 (4): 553 –577.

[116] Falco S D, Yesuf M, Kohlin G, et al. Estimating the Impact of Climate Change on Agriculture in Low – income Countries: Household Level Evidence from the Nile Basin, EThiopia [J]. Environ Resource Econ, 2012, 52: 457 –478.

[117] Falco S D, Yesuf M. Does Adaptation to Climate Change Provide food Security? A micro – perspective from EThiopia [J]. American Journal of Agricultural Economics, 2011, 93 (3): 825 –842.

[118] Falco S D. Adaptation to Climate Change in Sub – Saharan Agriculture: Assessing the Evidence and Rethinking the Drivers [J]. European Review of Agricultural Economics, 2017, 41 (3): 405 –430.

[119] Fisher A C, Hanemann W M, Roberts M J. The Economic Impacts of Climate Change: Evidence from Agricultural Output and Random Fluctuations in Weather Comment [J]. American Economic Review, 2012, 102 (7): 3749 –3760.

[120] Foguesatto C R, Dalzotto A F, Edson T, et al. Understanding the Divergences Between Farmer's Perception and Meteorological Records Regarding Climate Change: A Review [J]. Environment, Development and Sustainability, 2018.

[121] Frondel M, Simora M, Sommer S. Risk Perception of Climate Change: Empirical Evidence for GerMany [J]. Ecological Economics, 2017, 137: 173 –183.

[122] Gallopín G C. Linkages Between Vulnerability, Resilience, and Adaptive Capacity [J]. Global Environmental Change, 2006, 16 (3): 293 –303.

[123] Gaur A C. Bulky Organic Manures and Crop Residues. InFertilisers, Organic Manures, Recyclable Wastes and Biofertilisers: Components of Integrated Plant

Nutrition, ed. H. L. S. Tandon, 36 – 43. New Dehli: Fertiliser Development and Consultation Organisation, 1992.

［124］ Gebrehiwot T, Veen A V D. Climate Change Vulnerability in EThiopia: Disaggregation of Tigray Region ［J］. Journal of Eastern African StuDies, 2013b, 7 (4): 607 – 629.

［125］ Gebrehiwot T, Veen A V D. Farm Level Adaptation to Climate Change: The Case of Farmer's in the EThiopian Highlands ［J］. Environmental Management, 2013a, 52 (1): 29 – 44.

［126］ Giovanni T, Simone D S, Sigura M, et al. Conservation Tillage Mitigates the Negative Effect of Landscape Simplification on Biological Vontrol ［J］. Journal of Applied Ecology, 2016, 53 (1): 233 – 241.

［127］ Hageback J, Sundberg J, Ostwald M, et al. Climate Variability and Land – use Change in Danangou Watershed, China: Examples of Small – scale Farmers' Adaptation ［J］. Climatic Change, 2005, 72 (1): 189 – 212.

［128］ Hammill A, Leclerc L, Myatt – Hirvonen O, et al. Using the Sustainable Livelihoods Approach to Reduce Vulnerability to Climate Change. In: Robledo, C. , Kanninen, M. , Pedroni, L. (Eds.), Tropical Forests and Adaptation to CliMate Change: Search of Synergies. CIFOR, Bogor, Indonesia, 2005, 71 – 96.

［129］ Hassan R, Nhemachena C. Determinants of African Farmers' Strategies for Adapting to Climate Change: Multinomial Choice Analysis ［J］. African Journal of Agricultural & Resource Economics, 2008, 2 (1): 83 – 104.

［130］ Hou L, Huang J, Wang J. Social Networks, Farm Sssets and Farmers' Perceptions of Climate Change in China ［J］. Climate Research, 2015, 63: 191 – 201.

［131］ Howden S M, Soussana J F, Tubillo F N. Adapting Agriculture to Climate Change ［J］. Proceedings of the National Academy of Science of the United State, 2007, 104 (50): 19691 – 19696.

［132］ Huang J K, Wang J, Hou L. Crop Diversification in Coping with Extreme Weather Events in China ［J］. Journal of Integrative Agriculture, 2014, 13: 677 – 686.

［133］ Huang J, Wang Y, Wang J. Farmers' Adaptation to Extreme Weather Events Through Farm Management and its Impacts on the Mean and Risk of Rice Yield in China [J] . American Journal of Agricultural Economics, 2015, 97 (2): 602 – 617.

[134] Huang K, Wang J, Huang J, et al. The Potential Benefits of Agricultural Adaptation to Warming in China in the Long Run [J] . Environment and Development Economics, 2018, 23 (2): 22.

[135] Huong N T L, Bo Y S, Fahad S. Farmers' Perception, Awareness and Adaptation to Climate Change: Evidence from Northwest Vietnam [J] . International Journal of Climate Change Strategies & Management, 2017, 9 (1): 1 – 9.

[136] Intergovernmental Panel onCliMate Change (IPCC) . A Report of Working Group one of the Intergovernmental Panel on Climate Change – summary for Policy Makers [J] . Intergovernmental Panel on Climate Change, 2007.

[137] Intergovernmental Panel onCliMate Change (IPCC) . Climate Change 2014: Mitigation of CliMate change [M] . Cambridge: Cambridge University Press, 2014, 5: 21 – 24, 29 – 31, 33, 60.

[138] Intergovernmental Panel onCliMate Change (IPCC) . Climate Change 2007: The Physical Ccience basis. Contribution of Work Group I to the Fourth Assessment Report of the Intergovernmental Panel on Climate [M] . Cambridge University Press, Cambridge, United Kingdom, 2007.

[139] Intergovernmental Panel onCliMate Change (IPCC) . Working Group III. Climate Change 2014: Mitigation of Climate Change: Chapter 8: Transport: Final Draft [J] . Economic Development, 2014.

[140] Ishaya S, Abaje I B. Indigenous people' s Perception of Climate Change and Adaptation Strategies in Jema' s Local Government area of Kaduna State. 2008, Nigeria. J Geogr Reg Plan 1: 138 – 143.

[141] Just R E, Pope R D. Production Function Estimation and Related Risk Considerations [J] . American Journal of Agricultural Economics, 1979, 61: 276 – 284.

[142] Just R E, Zilberman D. The Effects of Agricultural Development Policies on Income Distribution and Technological Change in Agriculture [J] . Journal of Development Economics, 2006, 28 (2): 193 – 216.

［143］ Kawasaki K, Uchida S. Quality Matters more than Quantity: Asymmetric Temperature Effects on Crop Yield and Quality Grade ［J］. American Journal of Agricultural Economics. 2016, 98 (4): 1195 – 1209.

［144］ Kelly D L, Kolstad C D, Mitchell G T. Adjustment Costs from Environmental Change ［J］. Journal of Environmental Economics & Management, 2005, 50 (3): 468 – 495.

［145］ Kim K, Chavas J. Technological Change and Risk Management: An Application to the Economics of Corn Production ［J］. Agricultural Economics, 2015, 29 (2): 125 – 142.

［146］ Kurukulasuriya P, Kala N, Mendelsohn R. Adaptation and Climate Change Impacts: A Structural Ricardian Model of Irrigation and Farm Income in Africa ［J］. Climate Change Economics, 2011, 2 (2): 149 – 174.

［147］ Kurukulasuriya P, Mendelsohn R. A Ricardian Aanalysis of the Impact of Climate Change on African Cropland ［J］. Afrca Agrcultural Resource Economy, 2008 (2): 1 – 23.

［148］ Lea B F, James D F, Jaclyn P. Are we Adapting to Climate Change? ［J］. Global Environmental Change, 2011, 21: 25 – 33.

［149］ Lobell D B, Burke M B. On the use of Statistical Models to Predict Crop Yield Responses to Climate Change ［J］. Agricultural & Forest Meteorology, 2010, 150 (11): 1443 – 1452.

［150］ Lobell D B, Hammer G L, Mclean G, et al. The Critical Role of Extreme heat for Maize Production in the United States ［J］. Nature Climate Change, 2013, 3 (5): 497 – 501.

［151］ Lobell D B, Schlenker W, Costa – Roberts J. Climate Trends and Global Crop Production Since 1980 ［J］. Science, 2011, 333 (6042): 616 – 620.

［152］ Lobell D B. Climate Change Adaptation in Crop Production: Beware of Illusions ［J］. Global Food Security, 2014, 3 (2): 72 – 76.

［153］ Lobell D B. Impacts of Future Climate Change on California Perennial Crop Yields: Model Projections with Climate and Crop Uncertainties ［J］. Agricultural & Forest Meteorology, 2006, 141 (2): 208 – 218.

[154] Lokshin M, Sajaia Z. Maximum Likelihood Estimation of Endogenous Switching Regression Models [J]. Stata Journal, 2004, 4 (3): 282 – 289.

[155] Ma W, Abdulai A, Ma C. The Effects of Off – farm Work on Fertilizer and Pesticide Expenditures in China [J]. Review of Development Economics, 2017 (1): 1 – 19.

[156] Ma W, Abdulai A. Does Cooperative Membership Improve Household Welfare? Evidence from Apple Farmers in China [J]. Food Policy, 2016, 58 (1): 94 – 102.

[157] Maddala G S. Limited Dependent and Qualitative Variables in Econometrics [M]. Cambridge, UK: Cambridge University Press, 1983.

[158] Maddison D. The Perception of and Adaptation to Climate Change in Africa [R]. The World Bank Policy Research Working Paper 4308, 2007.

[159] Massetti E, Mendelsohn R. Estimating Ricardiam Models with Panel Data [J]. Climate Change Economics, 2011, 02 (4): 301 – 319.

[160] Mccarl B A, Wu X. Climate Change and Future Analysis: Is Stationarity Dying? [J]. American Journal of Agricultural Economics, 2010, 90 (5): 1241 – 1247.

[161] Mccarthy J J, Canziani O F, Leary N A, et al. Climate Change 2001: Impacts, Adaptation, and Vulnerability: Contribution of Working Group II to the Third Assessment Report of the Intergovernmental Panel on Climate Chang, Cambridge University Press, 2001.

[162] Mendelsohn R, Dinar A. Climate Change, Agriculture and Developing Countries: Does Adaptation matter? [J]. World Bank Research Observer, 1999, 14 (2): 277 – 293.

[163] Mendelsohn R, Shaw N D. The Impact of Global Warming on Agriculture: Aricardian Analysis [J]. The American Economic Review, 1994, 84 (4): 753 – 771.

[164] Mertz O, Mbow C, Reenberg A, et al. Farmers' Perceptions of Climate Change and Agricultural Adaptation Strategies in Rural Sahel [J]. Environmental Management, 2009, 43: 804 – 816.

[165] Mohamed G A, Ridier G N, Kephaliacos C. The Role of Risk Aversion and Labor Constraints in the Adoption of Low Input Practices Supported by the Cap

Green Payments in Cash Crop Farms [J] . Review of Agricultural and Environmental Studies, 2013, 94 (94): 195 –219.

[166] Nelson R, Brown P R, Darbas T, et al. The Potential to Map the Adaptive Capacity of Australian land Managers for NRM Policy Using ABS Data [J] . National Land & Water Resources Audit, 2007.

[167] Nelson R, Kokic P, Crimp S, et al. The Vulnerability of Australian Rural Communities to Climate Variability and Change: Part II—Integrating Impacts With Adaptive Capacity [J] . Environmental. Science & Policy, 2010, 13 (1): 18 –27.

[168] Nhemachena, Charles, Hassan, et al. Micro – level Analysis of Farmers' Adaptation to Climate change in Southern Africa, IFPRI Discussion Paper 00714, 2007.

[169] Okonya S J, Syndikus K, Kroschel J. Farmers' Perception of and Coping Strategies to Climate change: Evidence from Six Agro – ecological Zones of Uganda [J] . Journal of Agricultural Science, 2013, 5 (8): 252 –262.

[170] Piya L, Maharjan K L, Prakash J N. Perceptions and Realities of Climate Change Among the Chepang Communities in Rural Mid – hills of Nepal [J] . Journal of Contemporary India Studies: Space and Society, 2012 (2): 35 –50.

[171] Ritchie J T, Nesmith D S. Temperature and Crop Development [J] . Botanical Gazette, 1991, 74 (2): 341 –342.

[172] Roberts M J, Eyer J. Agronomic Weather Measures in Econometric Models of Crop Yield with Implications for Climate Change [J] . American Journal of Agricultural Economics, 2013, 95 (2): 236 –243.

[173] Rogers E M. Diffusion of Innovations (Third Edition) [M] . New York: The Free Press, 1995.

[174] Scherer C W, Cho H. A Social Network Contagion Theory of Risk Perception [J] . Risk Analysis: An Official Publication of the Society for Risk Analysis, 2003, 23 (2): 261 –267.

[175] Schlenker W, Hanemann W M, Fisher A C. Will U. S. Agriculture Really Benefit from Global Warming? Accounting for Irrigation in the Hedonic Approach [J] . American Economic Review, 2005, 95 (1): 395 –406.

[176] Schlenker W, Roberts M J, Smith V K. Nonlinear Temperature Effects Indicate Severe Damages to U. S. Crop Yields Under Climate Change [J]. Proceedings of the National Academy of Sciences of the United States of America, 2009, 106 (37): 15594 – 15598.

[177] Schlenker W, Roberts M J. Nonlinear Effects of Weather on Corn Yields [J]. Review of Agricultural Economics, 2010, 28 (3): 391 – 398.

[178] Schultz T W. Transforming Traditional Agriculture [M]. New Haven, CT: Yale University Press, 1964.

[179] Seo S N, Mendelsohn R. An Analysis of Crop Choice: Adapting to Climate Change in South American Farms [J]. Ecological Economics, 2008, 67 (1): 109 – 116.

[180] Seo S N, Mendelsohn R. Measuring Impacts and Adaptations to Climate Change: A Structural Ricardian model of African Livestock Management1 [J]. Agricultural Economics, 2010, 38 (2): 151 – 165.

[181] Sesmero, Juan R G, Jacob C, et al. How do African farm Households Respond to Changes in Current and Past Weather Patterns? A Structural Panel Data Analysis from Malawi [J]. American Journal of Agricultural Economics, 2018, 100 (1): 115 – 144.

[182] Shah K U, Dulal H B, Johnson C, et al. Understanding Livelihood Vulnerability to Climate Change: Applying the Livelihood Vulnerability Index in Trinidad and Tobago [J]. Geoforum, 2013, 47 (2): 125 – 137.

[183] Sharp K. Measuring Destitution: Integrating Qualitative and Quantitative Approaches in the Analysis of Survey data [R]. IDS Working Paper 217, 2003.

[184] Shi W, Tao F, Liu J. Regional Temperature Change Over the Huang – Huai – Hai Plain of China: The Roles of Irrigation Versus Urbanization [J]. International Journal of Climatology, 2014, 34 (4): 1181 – 1195.

[185] Shi W, Tao F, Zhang Z. Vulnerability of African Maize Yield to Climate Change and Variability During 1961 – 2010 [J]. Food Security, 2014, 6 (4): 471 – 481.

[186] Shi W, Tao F. Vulnerability Contributions of Climate Change to Crop Yields Based on Statistical Models: A Review [J]. Journal of Geographical Sciences,

2012, 67 (9): 1213 – 1222.

[187] Smit B D, Mcnabb, Smithers J. Agricultural Adaptation to Climate Change [J]. Climatic Change, 1996, 33: 7 – 29.

[188] Smit B, Burton I, Klein R J, et al. The Science of Adaptation: A Framework for Assessment [J]. Mitigation and Adaption Strategies for Global Change, 1999, 3: 199 – 213.

[189] Smit B, Skinner M W. Adaptation Options in Agriculture to Climate Change: A Typology [J]. Mitigation & Adaptation Strategies for Global Change, 2002, 7 (7): 85 – 114.

[190] Smit Barry, Burton I, Klein RJT, et al. The Anatomy of Adaptation to Climate Change and Variability [J]. Climate Change, 2000, 45 (1): 223 – 251.

[191] Song C X, Liu R F, Oxley L, et al. The Adoption and Impact of Engineering – type Measures to Address Climate Change: Evidence from the Major Grain – producing Areas in China [J]. Australian Journal of Agricultural and Resource Economics, 2018, 62: 608 – 635.

[192] Suantapura S R. Perception, Mitigation and Adaptation Strategies of Irrigated Paddy Farmer Community to Face Climate Change [J]. Mimber, 2016, 32: 197 – 106.

[193] Tang L, Zhou J, Bobojonov I, et al. Induce or Reduce? The Crowding – in Effects of Farmers' Perceptions of Climate Risk on Chemical use in China [J]. Climate Risk Management, 2018, 20: 27 – 37.

[194] Tao F, Shuai Z, Zhao Z. Spatiotemporal Changes of Wheat Phenology in China under the Effects of Temperature, Day Length and Cultivar Thermal Characteristics [J]. European Journal of Agronomy, 2012, 43: 201 – 212.

[195] Tesfahunegn G B, Mekonen K, Tekle A. Farmers' Perception on Causes, Indicators and Determinants of Climate Change in Northern Ethiopia: Implication for Developing Adaptation Strategies [J]. Applied Geography, 2016, 73: 1 – 12.

[196] Theu J, Chavula G, Elias C. How Climate Change Adaptation Options Fit within the UNFCCC National Communication and National Development plans [M]. New York: Springer, 1996.

[197] United States Department of Agriculture (USDA). Agricultural Adaptation to a Changing Climate economic and Environmental Implications vary by U. S. region, 2012.

[198] Vedwan N. Culture, Climate and the Environment: Local Knowledge and Perception of CliMate Change Among Apple Growers in Northwestern India [J]. Journal of Ecological Anthropology, 2006, 10: 4 – 18.

[199] Venkateswarlu B, Shanker A K. Climate Change and Agriculture: Adaptation and Mitigation Strategies [J]. Indian Journal of Agronomy, 2009, 54 (2): 226 – 230.

[200] Wang J R, Mendelsohn A, Dina J, et al. The Impact of Climate Change on China's agriculture [J]. Agricultural Economics, 2009, 40: 323 – 337.

[201] Wang J X, Yang Y, Huang J K, et al. Information Provision, Policy Support, and Farmers' Adaptive Responses Against Drought: An Empirical Study in the North China Plain [J]. Ecological Modelling, 2015, 318: 275 – 282.

[202] Wang J, Wang E, Yang X, et al. Increased Yield Potential of Wheat – maize Cropping System in the North China Plain by Climate Change Adaptation [J]. Climatic Change, 2012, 113 (3 – 4): 825 – 840.

[203] Wang Y J, Huang J K, Wang J X. Household and Community Sssets and Farmers' Adaptation to Extreme Weather Event: The Case of erought in China [J]. Journal of Integrative Agriculture, 2014, 13 (4): 687 – 697.

[204] Wang Y, Huang J, Wang J, et al. Mitigating Rice Production Risks from Drought Through Improving Irrigation Infrastructure and Management in China [J]. Australian Journal of Agricultural and Resource Economics, 2017.

[205] Wang Z, Zhai P. Variation of Droughts over Northern China During 1950 – 2000 [J]. Journal of Geographical Sciences, 2003, 13 (4): 480 – 487.

[206] Weber E U. What Shapes Perceptions of Climate Change? [J]. Wiley Interdisciplinary Reviews: Climate Change, 2010, 1: 332 – 342.

[207] Welch J R, Vincent J R, Auffhammer M, et al. Rice Yields in Tropical/ Subtropical Asia Exhibit Large but Opposing Sensitivities to Minimum and Maximum Temperatures [J]. Proceedings of the National Academy of Sciences of the United

States of America, 2010, 107 (33): 14562 – 14567.

[208] Wossen T, Berger T, Falco S D. Social Capital, Risk Preference and A-doption of Improved Farm Land Management Practices in EThiopia [J]. Agricultural Economics, 2015, 46 (1): 81 – 97.

[209] Yu B, Zhu T, Breisinger C, et al. How are Farmers Adapting to Climate Change in Vietnam? Endogeneity and Sample Selection in a Rice Yield Model [J]. Ifpri Discussion Papers, 2013.

[210] Yu Q, Wu W B, Liu Z H, et al. Interpretation of Climate Change and Agricultural Adaptations by local Household Farmers: A Case Study at Bin County, Northeast China [J]. Journal of Integrative Agriculture, 2014, 13 (7): 1599 – 1608.

[211] Zeynep K. Hansen G, Libecap D. Small Farms, Externalities, and the Dust Bowl of the 1930s [J]. Journal of Political Economy, 2004, 112 (3): 665 – 694.

[212] Zhai P, Zhang X, Wan H, et al. Trends in Total Precpitation and Frenquency of Daily Precipitation Extremes Over China [J]. Climate, 2005, 18 (7): 1096 – 1108.

[213] Zhai S Y, Song G X, Chen Y C. Climate Change and Chinese Farmers: Perceptions and Determinants of Adaptive Strategies [J]. Journal of Integrative Agriculture, 2018, 17 (4): 949 – 963.

[214] Zoundji G C, Witteveen L, Vodouhê S D, et al. When Baobab Flowers and Rainmakers Define the Season: Farmers' Perceptions and Adaptation Strategies to Climate Change in West Africa [J]. International Journal of Plant, AniMal and Environmental Sciences, 2017, 7 (2): 8 – 21.

附　　录

附表1　关于农户对气候变化的适应性行为文献总结

论文作者	地区	气候类型	气候变化适应性措施
王金霞等（2010）	中国	气温、降水量变化	调整作物品种
吕亚荣和陈淑芬（2010）	山东德州	气温、降水量变化	改变农业生产时间、多样化种植、更新灌溉技术、采用新技术、增加农药及化肥等生产要素投入、购买农业保险、多元化家庭收入来源渠道
Zhai 等（2018）	中国	气温、降水量变化	修建新的基础设施、增加灌溉、增加农药或化肥投入、调整农业种植时间、购买农业保险、改善农田生态环境、采用新技术、水资源的管理
朱红根等（2016）	江西	气温、降水量变化极端天气事件	补种、调整播种和收获日期、调整灌溉强度和时间、参加合作社、参加农业保险、轮作、轮灌
陈欢等（2014）	江苏	气温、降水量变化	调整作物种植时间、增加化肥等物质投入、种植新品种、修建基础设施、采用新技术、改善农田周边环境
Bryan 等（2009）	东非及南非	气温、降水量变化	调整作物结构、调整农作物播种及收获时间
Falco 等（2014）	埃塞俄比亚	气温、降水量变化极端天气事件	调整农作物类型、集水灌溉、农牧转换被、保持水土及与水资源相关策略
Falco 和 Veronesi（2012）	埃塞俄比亚	气温、降水量变化极端天气事件	调整农作物类型、集水灌溉、农牧转换被、保持水土及与水资源相关策略
Huong 等（2017）	越南	气温、降水量变化极端天气事件	调整农作物类型或者品种、调整农作物种植时间、水资源管理、采用新技术

论文作者	地区	气候类型	气候变化适应性措施
Elum 等（2017）	南非	气温、降水量变化	种植抗旱品种
Chen 等（2014）	中国	干旱	调整农作物类型、更换种子品种、调整播种或收获的时间、改变农业生产投入、增加灌溉强度、打井开渠、购买水泵、安装喷管设施
Wang 等（2015）	中国	干旱	补种、优选抗旱品种
Huang 等（2015）	中国	干旱、洪涝	补种补苗、调整生产要素投入、调整农作物类型
Wang 等（2017）	中国	干旱	增加灌溉频率、增加灌溉量
唐利群等（2017）	中国	干旱、洪涝	选用新品种、采用保护性耕作、调整农时、增加化肥投入、调整种植结构、购买保险、修建基础设施、改善农田周边环境

资料来源：笔者整理而得。

附表2　2003～2011年湖北气象站点高温热害综合指数

站点	2003	2004	2005	2006	2007	2008	2009	2010	2011	平均值
大冶	1.75	0.93	1.20	0.46	0.57	0.08	1.10	1.10	0.83	0.71
襄阳	0.62	0.02	0.14	0.93	0.00	0.00	0.02	0.02	0.02	0.01
浠水	1.07	0.92	0.36	0.27	0.53	0.12	1.60	1.00	0.18	0.49
汉川	1.52	0.84	0.47	0.10	0.59	0.11	1.04	0.25	0.01	0.28
咸宁	1.60	1.02	1.22	1.19	0.75	0.07	1.29	1.28	0.91	0.82
江陵	0.62	0.00	0.00	0.00	0.00	0.00	0.62	0.36	0.12	0.01
天门	1.42	0.24	0.02	0.28	0.30	0.04	1.44	1.04	0.01	0.18
长阳	0.85	0.51	0.73	0.15	0.17	0.02	0.44	0.40	0.10	0.24
宣恩	0.99	0.01	0.02	0.68	0.10	0.00	1.40	0.06	0.41	0.06
新洲	1.52	0.84	0.47	0.52	0.59	0.11	1.73	0.71	0.04	0.47
通山	1.60	1.02	1.22	1.09	0.75	0.07	1.88	1.51	1.99	0.94
郧县	0.85	1.39	0.50	0.69	0.00	0.02	0.07	0.95	0.13	0.10
平均值	1.20	0.65	0.53	0.53	0.36	0.05	1.05	0.72	0.40	0.36

附表 3   2003~2011 年湖北气象站点的 Z 指数

站　点	2003	2004	2005	2006	2007	2008	2009	2010	2011	累计次数
大冶	0.410	0.544	0.440	0.264	0.269	0.491	0.469	**1.058**	0.676	1
襄阳	0.701	0.765	**1.548**	0.662	**0.950**	**0.940**	0.526	0.608	0.317	3
浠水	0.558	0.533	0.226	0.234	0.544	0.592	0.455	**1.109**	0.392	1
汉川	0.746	**1.048**	0.439	0.484	0.257	0.777	0.515	0.810	0.573	1
咸宁	0.672	0.736	0.173	0.380	0.105	0.627	0.574	**1.166**	0.530	1
江陵	0.640	0.604	0.246	0.701	0.335	0.589	0.385	**0.843**	0.436	1
天门	0.551	**0.922**	0.315	0.430	0.255	**0.889**	0.333	**0.983**	0.588	3
郧县	**1.077**	0.734	**1.250**	0.576	0.440	0.655	0.640	**1.142**	0.526	3
长阳	0.740	0.445	0.557	0.382	0.597	**0.995**	0.888	**0.901**	0.494	2
宣恩	0.605	0.834	0.608	0.248	0.837	0.663	0.130	**1.071**	0.223	1
新洲	0.746	**1.048**	0.439	0.484	0.257	0.777	0.515	0.810	0.573	1
通山	0.672	0.736	0.173	0.380	0.105	0.627	0.574	**1.166**	0.530	1

注：累计次数表示某一站点在考察期间共发生雨涝灾害的次数；加粗表示达到了灾害等级。

附表 4   采用与未采用适应性措施小麦种植户的变量均值差异检验

变量名称	采用农户	未采用农户	差异
因变量			
适应性行为选择	1.00	0.00	—
小麦单产	934.515（22.930）	389.786（38.953）	544.729 ***
自变量			
生产要素投入			
劳动力投入	11.526（0.658）	6.417（0.427）	5.108 ***
机械投入	154.825（9.653）	218.741（12.161）	-63.915 ***
化肥投入	133.610（5.580）	67.716（6.466）	65.893 ***
户主个体特征			
性别	0.904（0.023）	0.800（0.048）	0.104 **
年龄	50.598（0.666）	47.371（0.774）	3.227 ***
受教育年限	8.107（0.229）	8.228（0.270）	-0.120
家庭特征			
家庭人口数	3.377（0.102）	1.514（0.144）	1.862 ***
参与合作组织	0.071（0.040）	0.000（0.000）	0.071 **

变量名称	采用农户	未采用农户	差异
是否是村干部	0.042（0.015）	0.085（0.033）	−0.043
家庭拥有手机数量	3.041（0.096）	2.485（0.109）	0.556***
种植面积	7.066（1.098）	3.951（0251）	3.115*
气候因素			
多年平均气温	14.678（0.017）	14.548（0.009）	0.130***
多年平均累积降水总量	669.519（10.023）	786.966（9.417）	−117.446***
今年是否是灾害年	0.317（0.036）	0.071（0.031）	0.245***
工具变量			
小麦种植户能否获得气象信息服务	0.135（0.040）	0.189（0.024）	−0.054

注：*、**、***分别表示在10%、5%、1%的水平上显著。括号内数字为系数的标准误。

附表5　内生转换模型估计结果（小麦种植户）

变量名称	农户适应性行为选择	小麦单产（取对数）	
		采用农户	未采用农户
劳动力投入（取对数）	−0.089（0.062）	−0.028*（0.015）	0.012（0.011）
机械投入（取对数）	0.038（0.031）	−0.002（0.005）	−0.014（0.023）
化肥投入（取对数）	0.298**（0.119）	0.073**（0.033）	−0.241***（0.062）
性别	0.250（0.224）	−0.089（0.077）	0.026（0.037）
年龄	0.042**（0.018）	−0.005（0.003）	0.001（0.003）
受教育年限	0.071*（0.039）	0.003（0.014）	−0.011**（0.005）
家庭人口数	0.615***（0.128）	−0.004（0.039）	0.273***（0.101）
参与合作组织	14.560（9.984）	0.264（0.173）	0.000（0.000）
是否是村干部	−0.470（0.420）	−0.046（0.136）	0.174***（0.055）
家庭拥有手机数量	−0.239*（0.126）	−0.030（0.028）	0.036（0.029）
种植面积	−0.081（0.061）	−0.001（0.001）	−0.001（0.014）
多年平均气温	−0.041（0.109）	0.003（0.026）	−0.008（0.050）
多年平均累积降水总量	−0.004***（0.001）	−0.001***（0.000）	−0.004***（0.000）
今年是否是灾害年	0.562*（0.334）	−0.104（0.125）	−0.171（0.109）
农户能否获得气象信息服务	1.395**（0.637）		
省份虚拟变量	是	是	是
常数项	4.400（15.95）	7.112*（3.856）	10.82（7.202）

续表

变量名称	农户适应性行为选择	小麦单产（取对数）	
		采用农户	未采用农户
$\ln \sigma_{1\eta}$		−0.962 *** （0.123）	
$\rho_{1\eta}$		0.412 * （0.224）	
$\ln \sigma_{2\eta}$			−2.230 *** （0.137）
$\rho_{2\eta}$			0.232 （0.143）
Wald test ofindep. eqns.	5.28 *		
Log pseudolikelihood	−82.579		
样本量	237	237	237

注：*、**、*** 分别表示在10%、5%、1%的水平上显著。括号内数字为系数的标准误。

附表6 采用与未采用适应性措施玉米种植户的变量均值差异检验

变量名称	采用农户	未采用农户	差异
因变量			
适应性行为选择	1.00	0.00	—
玉米单产	672.501 （32.866）	210.771 （52.773）	461.73 ***
自变量			
生产要素投入			
劳动力投入	8.049 （0.513）	2.551 （0.547）	5.497 ***
机械投入	58.067 （5.116）	17.390 （6.375）	40.676 ***
化肥投入	122.36 （5.396）	67.641 （11.090）	54.720 ***
户主个体特征			
性别	0.924 （0.017）	0.831 （0.041）	0.093 **
年龄	51.828 （0.548）	47.915 （0.691）	3.912 ***
受教育年限	7.937 （0.183）	7.904 （0.248）	0.034
家庭特征			
家庭人口数	3.196 （0.082）	1.734 （0.135）	1.462 ***
参与合作组织	0.133 （0.022）	0.024 （0.016）	0.109 ***
是否是村干部	0.037 （0.012）	0.072 （0.028）	−0.034
家庭拥有手机数量	3.523 （0.358）	2.639 （0.105）	0.885
种植面积	6.092 （0.780）	3.856 （0.242）	2.235 *
气候因素			

变量名称	采用农户	未采用农户	差异
多年平均气温	15.423（0.074）	14.827（0.102）	0.496***
多年平均累积降水总量	813.690（15.951）	836.600（16.814）	22.909
今年是否是灾害年	0.377（0.031）	0.120（0.036）	0.256***
工具变量			
玉米种植户能否获得气象信息服务	0.292（0.023）	0.012（0.012）	0.281***

注：*、**、***分别表示在10%、5%、1%的水平上显著。括号内数字为系数的标准误。

附表7 内生转换模型估计结果（玉米种植户）

变量名称	农户适应性行为选择	玉米单产（取对数）	
		采用农户	未采用农户
劳动力投入（取对数）	0.028（0.072）	0.117**（0.046）	−0.530***（0.186）
机械投入（取对数）	0.121***（0.033）	−0.039（0.039）	0.210（0.135）
化肥投入（取对数）	−0.165（0.180）	0.666***（0.113）	2.439***（0.492）
性别	0.246（0.428）	0.314（0.411）	0.138（0.339）
年龄	0.050***（0.017）	−0.013（0.014）	−0.015（0.029）
受教育年限	0.183***（0.064）	0.012（0.045）	−0.018（0.074）
家庭人口数	0.281**（0.129）	0.141（0.110）	−0.239（0.455）
参与合作组织	0.671（0.518）	−0.284（0.361）	−0.400（0.861）
是否是村干部	−0.892（0.665）	0.532（0.627）	−0.035（0.531）
家庭拥有手机数量	−0.058**（0.028）	−0.024（0.020）	−0.577***（0.212）
种植面积	0.052（0.049）	−0.017*（0.009）	−0.334***（0.086）
多年平均气温	0.016（0.026）	0.266***（0.024）	0.330***（0.055）
多年平均累积降水总量	0.002（0.002）	−0.001***（0.000）	−0.001**（0.001）
今年是否是灾害年	0.797***（0.278）	1.134***（0.266）	1.186***（0.427）
农户能否获得气象信息服务	1.800***（0.529）		
省份虚拟变量	是	是	是
常数项	−7.587**（3.140）	−27.27***（3.338）	−38.67***（6.282）
$\ln \sigma_{1\eta}$		0.469***（0.045）	
$\rho_{1\eta}$		−0.004（0.219）	
$\ln \sigma_{2\eta}$			−0.018（0.107）

续表

变量名称	农户适应性行为选择	玉米单产（取对数）	
		采用农户	未采用农户
$\rho_{2\eta}$			0.548 *** （0.329）
LR test ofindep. eqns.	3.21		
Log pseudolikelihood	−656.819		
Observations	322	322	322

注：*、**、***分别表示在10%、5%、1%的水平上显著。括号内数字为系数的标准误。

附表8 农户调查问卷

问卷编号：		调查日期：		调研员：	
县（区、县级市）：		乡（镇、街道办事处）：		所在行政村：	
所在自然村：		生产决策者姓名：		受访农户电话：	
现有耕地面积（亩）		其中，土地流转转入（亩）	转出（亩）		现有承包面积（亩）
成为种植大户意愿		未来流转意愿	1=大量转入，2=转入，3=不变，4=转出，5=大量转出	对土地流转的满意度	
耕地块数		最大块面积（亩）		最小块面积（亩）	
耕地中是否有山地		今年家庭受农业技术培训人			
外出务工人数（人）		所有人外出务工总月数			
在对应列首填写种植作物名称	2015播种作物名称		2015播种作物名称		2015播种作物名称
种植面积（亩）					
用种量（斤）					
种子投入（元）					
农机耕地平整面积（亩）					
其中自有农机作业面积（亩）					
采用农机服务作业面积（亩）					
机械服务价格（元/亩）					
农机播（栽）种面积（亩）					
其中自有农机作业面积（亩）					
采用农机服务作业面积（亩）					
机械服务价格（元/亩）					
农药投入（元）					

在对应列首填写种植作物名称	2015 播种作物名称	2015 播种作物名称	2015 播种作物名称
植保机喷洒农药面积（亩）			
水电费（元）			
化肥施用量（斤）			
化肥投入（元）			
农家肥施用量（斤）			
农家肥投入（元）			
从事生产的劳动力（人）			
劳动力投入（工）			
其中，雇工投入（工）			
机械化收获面积（亩）			
其中自有农机作业面积（亩）			
采用农机服务作业面积（亩）			
收获服务价格（元/亩）			
秸秆还田面积（亩）			
还田补贴（元/亩）			
机械脱粒面积（亩）			
总机械作业服务费（元）			
是否遭受了气象灾害？	0 = 否，1 = 是	0 = 否，1 = 是	0 = 否，1 = 是
遭受的灾害的类型（0 = 干旱，1 = 洪涝，2 = 霜冻，3 = 雪灾，4 = 低温冷害，5 = 高温热害，6 = 冰雹，7 = 大风，8 = 倒伏，9 = 病虫害，10 = 无）多选			
是否遭受了病害、虫害或草害？	0 = 否，1 = 是	0 = 否，1 = 是	0 = 否，1 = 是
受灾面积（亩）			
其中，受气象灾害面积			
减产数量（斤）			
总产（斤）			
收购价格（元/斤）			
对该作物该年收购价的满意度			
是否知道该作物国家最低收购价	0 = 否，1 = 是	0 = 否，1 = 是	0 = 否，1 = 是

续表

是否知道该作物良种推介目录	0=否，1=是		0=否，1=是		0=否，1=是	
该作物销售数量（斤/户）						
该作物销售收入（元）						
该作物粮食直补到位（元/户）						
该作物农资补贴到位（元/户）						
该作物良种补贴到位（元/户）						
该作物耕地支持保护补贴到位（元/户）						
其他补贴到位（元/户）						
该作物补贴合计（元/户）						
未来种植该作物的意愿						
注：1=拖拉机；2=联合收割机；3=耕整机；4=播种/插秧机；5=机动割晒机；6=其他（请注明）	1	2	3	4	5	6
您家持有几台/套?						
过去一年报废或出售旧农机多少台/套						
农机购置时间						
农机品牌						
规格（马力数）						
购买情况（1=自家购买，2=合买）						
合购所占份额为___%						
购买价格（元）						
所获农机具购置补贴						
对农机具购置补贴的满意程度						
购买至今平均每年使用时间（小时）						
如果现在折旧出售，能值多少元						
是否用于出租服务（0否，1是）						
过去一年的作业量（作业面积）						
修理、更换零件费用（元）						

在对应列首填写种植作物名称	2015 播种作物名称	2015 播种作物名称	2015 播种作物名称
燃油消耗费用（元）			

您家是否加入农机合作社_____（1＝是，2＝否），您提供农机作业服务的范围是_____（1＝本县内，2＝本县外，3＝本省外），是否持有跨区作业证（1＝是，2＝否），其中本县内作业面积____亩，作业价格____元/亩；本县外（省内）作业面积为____亩，作业价格元/亩；省外作业面积____亩，作业价格____元/亩。为他人提供农机服务所获得的毛收入_____元，总成本（包括机械折旧费、雇工工资、燃料及辅助材料、修理费）_____元。

与户主关系	性别	年龄	民族	健康状况	受教育年限	政治面貌	外出就业类型	是否村干部	婚姻状况

收入（元）	2015 年	支出（元）	2015 年
农业收入		食物支出	
经商收入		衣服支出	
外出务工收入		交通通讯	
本地务工		医疗保健	
工资性收入		烟酒娱乐	
补贴收入		教育支出	
其他收入		其他支出	

名称	数量（台/量）	价值（元）	名称	数量（台/量）	价值（元）
手机			彩电		
电脑			冰箱		
汽车			洗衣机		
摩托车			空调		

1. 您家耕地附近是否有机耕道_____（1＝是，0＝否）
2. 家庭是否有人加入农民合作（合作社、专业协会等）组织_____（1＝是，0＝否）
农产品如何销售_____
（0＝农贸市场销售，1＝代理人收购，2＝预定合同订购，3＝通过农民合作组织销售）
3. 您认为基层农技人员是否有帮助作用_____
（0＝非常没用，1＝没用，2＝一般，3＝有用，4＝非常有用）

4. 若有两个经营项目：第一个项目可以稳赚两万元，第二个项目有 50% 可能赚三万元、50% 可能赚一万元，您会选哪个项目_____

  （0 = 第一个，1 = 第二个，2 = 两者皆可）

5. 若有两个经营项目：第一个项目可以稳赚两万元，第二个项目有 50% 可能赚五万元、50% 可能会损失一万元，您会选哪个项目_____

  （0 = 第一个，1 = 第二个，2 = 两者皆可）

6. 当地是否有禁烧的处罚政策_____ （0 = 否，1 = 是）

7. 如果您家秸秆不还田，您处理秸秆的主要方式是_____

  （0 = 田间焚烧，1 = 用作饲料，2 = 用作燃料，3 = 卖掉）

8. 如果您在田间焚烧，焚烧面积为_____亩，下列原因对秸秆不直接还田的影响程度为_____

  （0 = 买不到还田设备，1 = 设备太贵，2 = 无机械还田服务，3 = 还田费用太高，4 = 人工还田费力，5 = 没人收购秸秆，6 = 还田耽误农时，7 = 家中不需作饲料、燃料，8 = 其他）

9. 您觉得近 10 年来，温度有什么变化_____，降水有什么变化_____

  （0 = 升高，1 = 下降，2 = 无明显变化，3 = 波动，4 = 不清楚）

10. 面对气候变化，您是否采取措施_____ （0 = 否，1 = 是）

11. 面对气候变化，您主要采取的措施有_____

  （0 = 调整农时（调整播种和收获等），1 = 调整作物品种，2 = 更换种子品种，3 = 增加灌溉量或灌溉频率，4 = 开展排涝，5 = 补苗与种苗，6 = 退出农业，7 = 修建基础设施（修水渠、打井、蓄水池、滴灌、喷灌等），8 = 购买水泵，9 = 选择新技术（保护性耕作），10 = 参加农业保险）

12. 如果您修建基础设施，是否有获得政府补贴_____ （0 = 否，1 = 是）

13. 您在采用不同措施时，主要考虑的影响因素是_____

  （0 = 自己的种植习惯和经验，1 = 向身边的人模仿学习，2 = 各种措施的效果，3 = 各种措施的成本，4 = 去年农作物的价格，5 = 对今年农作物的价格预期，6 = 政府和村组织的要求）

14. 您认为，什么情况下可以称之为干旱_____

  （0 = 连续十天以上不下雨，1 = 作物生长关键期少雨，2 = 河水不足或地下水不足）

15. 您认为，近年来气象灾害发生的频率是_____

  （0 = 每年都有，1 = 两到四年一次，2 = 四到六年一次，3 = 六到八年一次，4 = 不定期发生）

16. 您认为，一旦发生气象灾害，农作物总产量将会受到怎样的影响_____

  （0 = 大大降低产量，1 = 减产作用不大，2 = 没有影响，3 = 小幅度增加产量，4 = 不清楚）

17. 您认为，一旦发生气象灾害，化肥总施用量将会受到怎样的影响_____，农药总施用量将会受到怎样的影响_____，农膜使用量将会受到怎样的影响_____，农机费用将会受到怎样的影响_____，灌溉费用将会受到怎样的影响_____，劳动力投入的总时间将会受到怎样的影响_____

  （0 = 增加，1 = 降低，2 = 不变）

18. 农业用水主要来源于_____

  （0 = 自来水，1 = 地下水，2 = 两者都有）

19. 您所用的灌溉渠道是_____

  （0 = 水库，1 = 水坝，2 = 池塘，3 = 直接从河流或湖泊引水，4 = 只用机井，5 = 其他）

20. 您觉得本地的农业水资源状况如何_____

  （0 = 十分丰富，1 = 一般，2 = 严重短缺，3 = 不了解）

21. 您获得农业用水的程度难易程度_____

  （0 = 很难，1 = 比较难，2 = 一般，3 = 比较容易，4 = 很容易）

22. 近些年来，您获取的农业用水同之前相比_____

  （0 = 增加了，1 = 减少，2 = 不变，3 = 不清楚）

23. 您是否可以从村里得到相应的气候信息_____，财政支持_____，技术支持_____

    （0 = 否，1 = 是）

24. 您是否关注天气预报的信息_____ （0 = 否，1 = 是）

25. 您获得关于天气的信息主要来自_____

    （0 = 政府部门，1 = 专业农技人员，2 = 邻里乡亲，3 = 广播电视，4 = 手机信息）

26. 您对政府采取的减灾措施满意度_____

    （0 = 不满意，1 = 一般满意，2 = 比较满意，3 = 很满意，4 = 不关心）

27. 在以下几种政府的措施中，你需要_____

    （0 = 增加灌溉设施的数量和质量，1 = 推进灾害保险，2 = 加强相关知识教育和培训，3 = 提供防灾减灾的技术指导，4 = 加强对当地气候气象的预警）

附表9　村级调查问卷

1. 2015 年当地男性劳动力平均价格_____元/工，女性劳动力平均价格_____元/工

2. 2015 年该村土地流转均价_____元/亩/年

3. 该行政村里，是否有卫生室_____，是否有小学_____，是否有通自来水_____，是否有硬化道路_____，是否有农民合作（农业合作社、专业协会等）组织_____，是否有健身设施_____，是否有快递收发点_____，能否上门送货取件_____ （0 = 否，1 = 是）

4. 行政村村委会所在地_____，距离乡镇政府所在地大约_____公里，距离县政府所在地大约_____公里

5. 该村村委会到距离最近的农业技推广机构距离是_____ （公里）

6. 村里存在的灌溉渠道包括_____

    （0 = 水库，1 = 水坝，2 = 池塘，3 = 直接从河流或湖泊引水，4 = 只用机井）

7. 是否可以从村上级获得气候信息_____，财政支持_____，技术支持_____

    （0 = 否，1 = 是）